LA GUÍA DEL
LIGUE

Altea

Werever tu morro

CÓMO SALIR BIEN LIBRADO
EN EL COMPLEJO MUNDO
DEL AMOR

La guía del ligue

Primera edición: septiembre de 2015

Diego Medrano, diseño de cubierta
Fotografía de portada: Daniela de León Arce
Malaca Studio, www.malaca.mx, diseño de interiores
Felipe de Jesús Cavazos Sáez y Efrén Ordóñez Garza, cuidado de la edición
Ceci Barragán, Dania Mejía y Diego Mejía Eguiluz, edición

ISBN: 978-607-31-3441-5

Impreso en México – *Printed in Mexico*

El papel utilizado para la impresión de este libro ha sido fabricado a partir de madera procedente de bosques y plantaciones gestionadas con los más altos estándares ambientales, garantizando una explotación de los recursos sostenible con el medio ambiente y beneficiosa para las personas.

Penguin
Random House
Grupo Editorial

ÍNDICE

INTRODUCCIÓN

¡Hey, qué pedo, cachorros! ¿Cómo están? Yo oooooorgasmeado de felicidad, por compartir éste, mi primer libro, con ustedes.

Desde hacía tiempo tenía muchas ganas de escribir un libro, pero como no sabía muy bien de qué debía tratarse, me di a la tarea de hacer una investigación de mercado. Después de ir al mercado y comprar frijol, manzana y mango petacón me concentré para encontrar el tema que más les pudiera interesar a quienes van a comprar el libro (sí, lo vas a comprar; no me digas que sólo pretendes hojearlo en la librería y devolverlo a la mesa de novedades). Hubo muchas personas que me sugirieron temas, otras más me preguntaron si sabía escribir, y no faltó quien me dijera: "Si no sabes leer un contrato, ¿cómo vas a escribir un libro?". Obvio me lo dijeron de broma aunque no me dio risa.

Y es que si algo tenía claro era que este libro debía ser acerca de un tema muy especial, de esos que les gustan a hombres y mujeres y les llegan al corazón. ¡El amor! Ese maravilloso sentimiento que hace que veas todo color de rosa, te despiertes de buenas y no tengas cabeza más que para la persona amada. Pero no es tan fácil conocer a quien amar, llamar su atención y convencerla de que somos el mejor partido de los 75 274 592 pretendientes que tiene. Hay que saber ligar, y este libro será tu gran cómplice.

El ligue (o el intento de estar con alguna persona) es todo un proceso, es como el *Álgebra* de Baldor (con ecuaciones más difíciles pero con una portada más llamativa). Pero antes de entrar en materia, como autor de este libro es mi deber dejarte bien claro algunas cosas, y aunque éste es un texto, imagínate un video mío con cara de serio (y en blanco y negro, para agregarle madurez).

Cada quién basa su vida en mil cosas. Para unos es el trabajo, hay quienes prefieren el deporte, o subir fotos de todas sus fiestas con vestimentas diminutas, y para otros más su principal objetivo es conseguir pareja o tener a una persona para poder hacer cosas de amor (las que te imagines). Todos somos libres de hacer lo que queramos con nuestro cuerpo, pero no debes olvidar que acá se involucra otra persona a la que tendrás que cuidar, sus sentimientos, su tiempo y su vida, por lo cual mi consejo más grande es que siempre seas claro respecto a lo que quieres y sientes. No importa que sólo busques algo momentáneo y sin sentimientos, avisa desde el principio que estás de fácil. O por el contrario, si ya quieres algo serio, como para ver si sus apellidos riman y cómo se llamaría su hijo, házselo saber, para que luego no salgan huyendo o te digan eso de “no la vi venir”.

Mucha gente piensa que el objetivo de ligar son los besos, el sexo y tener muchas parejas distintas para hacer las dos anteriores; que entre más personas consigas eres más increíble, y que las fiestas son para conocer hombres y mujeres, que serás un campeón si te los llevas a la cama (o al sofá, o ya de plano en la mesa de la cocina) y que es muy gracioso no saber cómo se llaman al día siguiente. ¡Por favor! ¿Qué piensan que es la vida? ¿Una eterna película para adolescentes? ¿Sabrán que no será nada gracioso cuando se enteren de que tienen alguna enfermedad de transmisión sexual, o que esa persona era hijo o hija de algún mafioso del lugar? Vivimos en una época en la que es muy difícil que lo privado no se vuelva público. Si no somos prudentes, nuestra información y nuestra imagen están en constante riesgo. No debes creerte todo lo que te dicen, sobre todo si te contactan por internet y mensajes privados, pero nunca los has visto en persona. Nunca olvides que debes cuidarte y avisar a alguien dónde y con quién vas a estar (es por tu seguridad, no para presumir). No se trata de ponerse paranoicos, pero la seguridad nunca está de más.

Espérate, no cierres el libro, sigue leyendo. Todo lo que dice el párrafo anterior puede suceder en algún momento de tu vida, pero el objetivo de esta guía no es regañarte, sino darte una orientada por si llegas a encontrarte en esta situación. Aquí vamos a hablar de qué hacer cuando conoces a alguien que te gusta, el proceso de ligar, las primeras citas, los suegros, cuando te mandan a la… *friendzone*, cómo salir de la *friendzone*, etc.

Lo que leerás a continuación es como una pintura con tonos de sarcasmo, humor, seriedad, exageración y formalidad. Sí, te daré tips basados en situaciones reales (y no tan reales) que te ayudarán a llevar una vida de ligue más próspera y menos frustrante, pero lo más importante es que te diviertas con lo que aquí está escrito. Y si alguno de estos tips te funciona y encuentras al amor de tu vida, no dejes de avisar.

EL FLECHAZO

(me gustas como para decirle al de los tacos que se cobre todo junto)

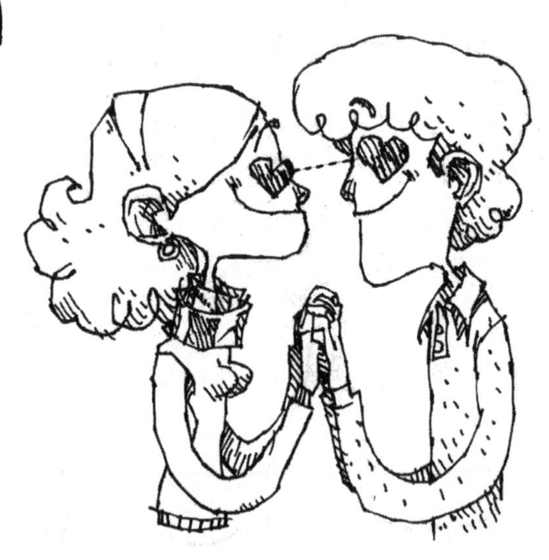

Para ligarte a alguien primero te tiene que gustar (la otra es que estés despechado... pero mejor enfoquémonos en la primera opción); a esto le llamaremos "El Flechazo": ese momento épico en donde ves que no está tan mal y que tienes ganas de coquetear y tener éxito.

Ese momento en donde ves a la otra persona y te gusta más que tu ex... ese momento en que ensayas en tu mente cómo hablarle... ese momento en que pasas mil veces frente a la persona de manera "casual"... ese momento en el que te preocupas por cómo te ves... El Flechazo.

Si quieres que la cosa prospere, te recomiendo lo siguiente:

1

QUE TÚ LE GUSTES (BÁSICO)

Te puede encantar y ser la persona que siempre soñaste, con quien deseas envejecer y oler su aliento cuando despiertas en la mañana, aunque estés a seis metros de distancia… PERO si tú no le gustas, tendrás que hacer una labor de enamoramiento ardua (o resignarte a ver videoblogs de Werevertumorro y pensar que es tu novio; aunque seas hombre). Ve poco a poco, tanteando el terreno con algunas miraditas. Platica de manera casual, nada forzado y sé tú; si todo esto funciona entonces sí ya puedes ir pensando en cómo suenan sus apellidos para ver cómo se llamará su hijo.

2

QUE SEA ALGUIEN QUE LES PUEDAS PRESENTAR A TUS AMIGOS Y A TU FAMILIA (SI VA EN SERIO).

3

QUE SEA ALGUIEN QUE NO DIVULGUE LO QUE QUIERES (SI NO VA EN SERIO).

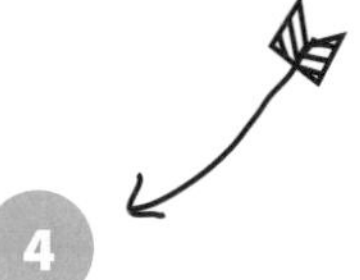

4

QUE VIVA CERCA DE TU CASA... O DE TU CIUDAD... CERCA DE TU PROVINCIA... POR TU PAÍS... EN EL MISMO CONTINENTE... O PLANETA (SI HACES MÁS DE 2 HORAS DE CAMINO A SU CASA, NO TE LO RECOMIENDO).

5

QUE SE LLEVEN BIEN (EL FÍSICO NO LO ES TODO).

CUPIDO ACTÚA DE FORMAS MISTERIOSAS

Para explicarlo rápidamente diré que, según la mitología, su apariencia de niño Gerber con alitas representa lo pasajero del amor. A veces lo pintan con una venda en los ojos, lo que significa que este sentimiento no hace distinciones, y por eso mismo existe aquella frase de "ves con ojos de amor", como otra forma de decirte que estás viendo a alguien increíblemente bien cuando para los demás no lo es. Por último, esta criatura angelical carga en su morral un arsenal variado: flechas de oro para enamorar y de plomo para desenamorar.

¿Ves lo que implica esto? El amor es tan loco como su mismísimo creador: un bebito inmaduro que tira objetos punzocortantes de distintos materiales, completamente a ciegas. Esto no hace más que confirmar lo confusos que son los asuntos del corazón.

LE GUSTO, NO ME GUSTA

Antes de perder la cordura, piensa que es normal que el amor sea tan confuso en ocasiones. En realidad, el cliché de que existe un roto para cada descosido es algo esperado en el mundo de las probabilidades. Siempre habrá alguien para ti.

Gustarle a alguien y que a ti no te guste es muy feo. Créeme: entiendo perfecto la complicación de tener encima la morbosa y obsesiva atención de alguien, sobre todo si con ese alguien no hay un efecto ping-pong (porque bien que te tira la bola pero tú finges demencia y ni siquiera agarras la raqueta).

En otras palabras... Primero: no seas un patán ni esa viuda negra come-hombres que anda por el mundo destrozando corazones. Piensa en esa frase muy de señor: "Como te ves, me vi; como me ves, te verás". Así como te tocó papilla esta vez, te tocará tragar vidrio en otras, así que no acumules mal karma.

Entonces, si has de batear a alguien, hazlo de la manera más sutil. Porque no se trata de darle en su madre, sólo de aclararle que no hay posibilidades de relación y punto. Ésa es la única forma de ser decente en una situación como ésta.

Ahora, si tu pretendiente se convierte más bien en tu sombra y no entiende de razones cuando le dices que no quieres nada, entonces sí necesitas subirle varias rayas a la agresividad en la caja de bateo. Tú dale, dale duro, hasta volarte la barda. En otras palabras: consigue una orden de restricción si de plano imprime fotos tuyas, les recorta los ojos y se toca los pezones. Típico.

Por último, si lo tuyo es evitar el conflicto desde el inicio, nunca le hagas caso hasta que tu pretendiente crea de plano que estás mudo. Recurre al fino arte de la escondidilla y la escapatoria. Si se te acerca, entonces que se dé cuenta de que te vas de ese lugar porque no quieres tener contacto. Así de frío el asunto.

ME GUSTA, NO LE GUSTO

Si alguna vez estuviste en la situación anterior, aquí es cuando se te regresa el boomerang y te da en la nariz. El destino te juega una mala pasada haciéndote ahora a ti el *stalker*.

Todos hemos pasado por esta etapa. Ni la mujer más hermosa o el hombre más papi han tenido a todos a su merced… Algunos hasta han caído en ese lugar repugnante llamado *friendzone*.

Antes de caer en la resignación, piensa que, por más trillado que suene, ¡estás en tu derecho de luchar por lo que quieres! Conozco a una pareja casada y con hijos que tuvo su primer encuentro gracias a un sitio web de citas. Al verse en persona, él pensó: “Demasiado gorda para mí”; y ella, “Demasiado flaco para mí”. Sin embargo, con el paso del tiempo, se fueron acomodando las grasas y los huesos hasta embonar en el resultado que ya te platiqué. ¡¿A poco no es motivante?!

(Silencio incómodo.)

Mi punto es que una cara o un cuerpo nos parece una cosa de buenas a primeras, pero conforme vamos conociendo lo que hay debajo del pellejo, nuestra opinión puede mutar para bien o para mal. Ya sabes, las frases tipo “calladita te ves más bonita”, “nunca juzgues a un libro por su portada”.

Así que lánzate a la conquista con las técnicas que verás más adelante. Total, como dicen, el “NO y lárgate o llamo a la policía” ya lo tienes, ¿no? Ahora que si ya te marcaron la línea y te dejaron bien clarito que nomás no, entonces a lo que sigue. Sé que es difícil aceptar cuando las cosas no marchan tan bien porque nos encanta convertir nuestras vidas en historias melodramáticas. Pero si de verdad quieres superar esta fase como un campeón o una heroína, deja de tirar bola y reflexiona sobre estos puntos:

1

No traslades los problemas específicos a tu persona en general. Esto es bien común. Pensamos que si lo hicimos mal, entonces somos malhechos por naturaleza; que si fracasamos, somos fracasados; si perdemos, perdedores; etcétera. No va por ahí. Cosas buenas y malas nos pasan a todos, pero nos gusta tomar más en cuenta los patrones negativos para definirnos. Recuerda que en muchas ocasiones también aciertas.

2

No eres el centro del universo. No creas que el mundo tiene como misión boicotear todas tus acciones y estropearte la vida a cada instante. Neta, cada quien anda en su pedo, y si los de los demás te llegan a afectar, generalmente no es porque ellos te orbitan con la gravedad de las malas vibras, sino por meritita casualidad, sin ninguna intención de fastidiarte.

3

Nadie te ha dicho que la vida es justa. Así como puedes entrarle a un juego de póker y quedarte sin fichas a los cinco minutos de malas manos y madrizas, la vida no siempre conserva un porcentaje similar de victorias y derrotas. No odies al resto o a Dios o a la Madre Naturaleza por creer que estás bajo una maldición. Todo eso está en tu cabeza, y si eres paciente ya vendrán tiempos mejores.

NOS GUSTAMOS, NO SE PUEDE

Sacas las piezas del rompecabezas y comienzas a armarlas meticulosamente, una a una. Saboreas esas pequeñas victorias al ver cada día más completa la obra maestra que tendrás por vida. Sin embargo, de la nada, justo antes de terminar todo y enmarcarlo en un cuadro con adornitos de caoba y marfil, te das cuenta de que la última pieza no se encuentra por ningún lado. Volteas y revoloteas la bolsita hasta escarbar su vacío sin hallar nada adentro. Y así es como todo lo que parecía dispuesto al 100% lo está sólo en 99% y no funciona. ¡No somos nada, carajo! Como cuando sales confiado del examen porque según te fue bien y empiezas a comparar respuestas y sabes que acabas de hacer el peor examen.

¿A poco no estaría cagado que te pasara algo así pero con tu vida romántica? Jaja. ¿No? ¿Alguien? Bueno... pues ya vimos que sería igual de feo querer con alguien con todas tus fuerzas y que ese alguien te quiera también... y... y... nada... que por alguna razón no se pueda. Yo sé que está difícil, pero al menos hay que hacerle el intento cuando lo amerite o agarrar la onda y emprender la retirada con la cabeza en alto.

Para ganarle al enemigo, primero hay que saber sus mañas, así que pon atención a las características de los factores internos y externos de cuando se gustan pero no se puede dar la relación:

RESPECTO A LOS FACTORES INTERNOS, ÉSTOS SE DIVIDEN EN DOS BRUTALES PRESENTACIONES:

UNO

La pasión dice sí; la razón dice no. Te hipnotiza pero hay algo a otros niveles que te baja el encanto. Quizás adoras su forma de ser, pero se la pasa haciendo *duckfaces* y hablando con acento tarado; o la química del día a día es impresionante pero de noche patea perritos y les arranca las alas a las mariposas; o tiene un cuerpo de 10 pero cero conexiones neuronales. La solución acá es pasar el rato, porque después empezarás a sucumbir de aburrición.

El cerebro quiere pero el corazón no. Éste es el clásico caso de que aparentemente es tu modelito ideal, como para llevártelo puesto, pero resulta que no sientes ni una reverenda chingada. En esta situación es común darte de golpes en la cabeza al no poder entender cómo la teoría no encaja con la práctica. Es buen momento para darte cuenta de que el corazón está medio tarado, y es la misma razón por la que te clavas con parásitos e ignoras a los mejores partidos. ¿Qué hacer? Resignación, criatura. Todavía a tu mente la engañas con una buena finta, pero el corazón no entiende de dribles y regates. Si la rama está chueca, simplemente no puedes enderezarla.

LOS FACTORES EXTERNOS VAN DE LA MANO CON ASUNTOS AJENOS Y CON PERSONAS NO TAN GRATAS QUE METEN SU CUCHARA:

① **Viaje planeado:** ya sabes lo que dicen de las relaciones a distancia: "Amor de lejos, felices los ochenta y nueve". Si de plano entre sus sueños o los tuyos está el viajar por el mundo a pisar uvas y lavar platos (o estudiar una carrera en Sudáfrica), lo mejor es que ambos hagan primero lo que tienen que hacer y, de regreso, ya cuando anden más tranquilos, pues ya verán. No tiene sentido andar cambiando las tentaciones carnales del mundo real por remedos de cachondeo en el Skype.

② **Familia:** se agarran de la excusa del "qué dirán". Los suegros y cuñados pueden tener obsesiones con apellidos, tonos de piel, profesiones, salarios y demás ideales que tratarán de meter con calzador antes de hacértela fácil. Aprenderás más en los capítulos de esta guía que están relacionados con los suegros y los cuñados. (*Spoiler*: no será bonito, pero lo importante es que tenemos salud.)

③ **Amistades peligrosas:** parece que no, pero son los más celosos del cuento. Si no aprueban tu relación, seguramente se las arreglarán para sembrarle toda clase de malas hierbas en el camino. Acá hay que advertirles: "Se gobiernan o se van", a menos de que sí te demuestren con pruebas fehacientes que tu pareja es una vil arpía.

④ **Religión:** aquí es como cuando Marge le dijo a Homero Simpson: "No me hagas decidir entre mi hombre y mi Dios, porque perderías", y Homero le contesta: "Claro, prefieres a todos antes que a mí". Tema delicado éste. Lo único que diré es que entre más cercanos sean los dioses que los unirían en santo matrimonio, menos problemas habrá con sus fanáticos en la Tierra. Nomás no ocasiones una guerra santa por tus herejías.

Hay una infinidad de casos. Por ejemplo, que alguno de los dos prefiera rendirle culto a Maradona o que se la pase en la computadora. Pero el punto importante es comprender que del sapo depende la pedrada. Habrá situaciones que se solucionen abandonando todo y huyendo a una isla desierta, pero habrá otras en las que las prioridades de ambos o las condiciones del entorno provoquen un corto circuito que impida la buena conexión.

ME GUSTA, LE GUSTO Y SE PUEDE

Pues vas. FIN.

Sólo hay que aclarar bien las cosas, sin andarse con rodeos.

—oye, Fermín, ¿qué somos?

—Una amalgama de moléculas de carbono, hidrógeno, nitrógeno y oxígeno. Somos el universo tomando conciencia de sí mismo...

—No, pendejo, ¿qué somos tú y yo?

—Ah...

DE MALENTENDIDOS ESTÁ LLENO EL MUNDO, ASÍ QUE MÁS VALE HABLARSE LAS NETAS Y NO DEJAR NADA A LA LECTURA ENTRE LÍNEAS. PON ATENCIÓN:

Mujer: como el hombre suele buscar primero las carnes que el corazón, tu estrategia debe ser saber bien si sus intenciones van más allá de eso. Primero saber qué son y si va en serio y ya después otras cosas.

Hombre: considera que en esta etapa un tanto más madura, el estatus de la relación suele depender de ti. Si la chica ya te dio entrada, ahora espera de ti que la compenses con algo del alma. Es decir, que por lo menos le definas si vas más en serio o nomás estás ahí por caliente. También les encanta un hombre con decisión, así que entre más claro y directo seas, más puntos para tu equipo y para ti.

Una última pista: en las relaciones, los hombres usan más la lógica (a veces bastante ilógica), y las chicas, la intuición (el famoso sexto sentido femenino que a veces se traduce en dramas).

Las mujeres nunca te dirán lo que quieren así que tendrás que adivinar, preguntar e investigar si en realidad quiere algo contigo y cómo quiere ese algo. Los hombres son más directos y menos inteligentes para captar indirectas, así que intenta ser clara para no estar jugando a los "amigovios" durante meses.

Como quiera, no desesperes. En el resto de los capítulos ahondaremos más en las estrategias generales para ligar y ser ligado.

ME ENVIARON A LA... FRIENDZONE

(Cupido me hace *bullying*)

La *friendzone* es ese punto gris de las relaciones humanas que está marcado por la más maldita de las maldiciones: “Te quiero... pero como amigo”; es ese inhóspito territorio que todos hemos sufrido, desde la persona más guapa hasta la más horrible, desde el más elegante hasta el más guarro. La *friendzone* se puede ubicar en este mapa:

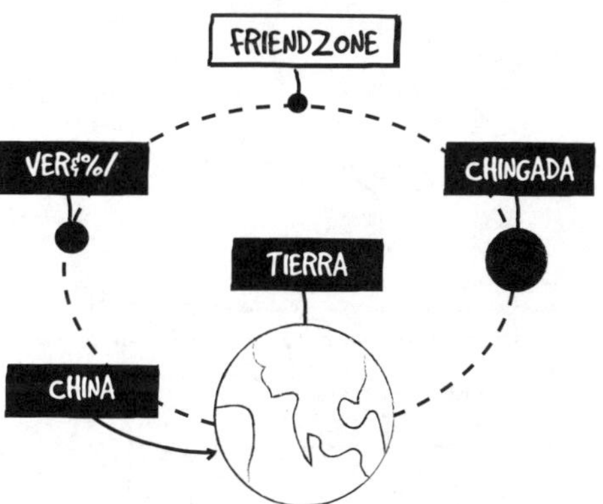

Y es que, a pesar de que todos hemos estado ahí, sólo unos cuantos elegidos han alcanzado la redención. Sin duda, es más difícil salir de la Matrix que de la *friendzone*.

Pero, ¿cómo y por qué cae una pobre alma en este plano?, ¿cómo saber que te encuentras ahí?, ¿cómo intentar salir del hoyo? A continuación, responderé a estas macabras interrogantes.

Primero, porque no eres su tipo, si lo fueras ya se habrían casado. Acéptalo.

Antes de jugarle al mártir, intenta ver las razones por las que estás en esta miserable posición. Aquí algunas posibilidades:

Envías mensajes encontrados. Pudiste haber hecho cosas bienintencionadas pero que te hicieron parecer santurrón, desinteresado, el payaso del grupo o eres "demasiado" bueno para ser su novio.

Le gustas... a medias, y es la solución amable para no mandarte completamente al infierno. La *friendzone* es una especie de purgatorio donde conservas los beneficios de la amistad, pero pierdes los más divertidos. ¡Qué bonito premio de consolación!

No le gustas y punto. Acéptalo y busca pronta resignación si eres un esperpento sin ningún chiste. No te creas, simplemente tómalo como viene e inténtalo con alguien más.

"Te ves demasiado enamorado y no te quiere lastimar." ¡Ja!, ¿cuántas veces no lo escuchamos?

LOS SÍNTOMAS

¿ESTOY EN EL HOYO DE LA FRIENDZONE?

Es muy probable si con alguna de éstas te queda el saco:

Te trata como un animalito raro. Si te espulga, te habla en diminutivo o de plano balbucea tu nombre como si fueras un pequeño Schnauzer, no te ve ni como un ser humano; mucho menos como pareja. Si te compra croquetas, ahí sí preocúpate.

No le importa perder el estilo y la delicadeza. Si él se rasca las gónadas frente a ti o ella te cuenta los pormenores de sus periodos, o ya de plano eructa y te da zapes a la menor provocación, estás en niveles profundos de la *friendzone* y de hecho ya te ve como alguien de su sexo.

Te nombra miembro honorario de la familia. Si se refiere a ti como "ésta es mi carnala del alma" o "éste es mi brother de toda la vida", estás más sumergido que nadie (a menos de que tenga una tendencia torcida hacia el incesto).

Te echa sus amoríos en cara. Ok, te cuenta a detalle sobre sus besuqueos y fajes pero, claro, debe ser su táctica maquiavélica para ocasionarte celos, ¿no? ¡¿No?! *Silencio incómodo*… Llora.

CÓMO PREVENIR LA CAÍDA

SI NO QUIERES PERDER DE VISTA EL PARAÍSO, LÍBRATE DE LOS PECADOS ESTRATÉGICOS. POR EJEMPLO:

Manda señales de tus intenciones desde un inicio, y no me refiero a fotos calientes en whatsapp. Muestra interés, suelta uno que otro halago, mira a la persona a los ojos y muestra una sonrisa cálida (tip: cuando lo hagas entrecierra un poco los ojos, no sólo arquees la boca, para que no parezcas enfermo sexual).

Deja en claro tu estado civil. No hables de tus conquistas y amoríos, pero tampoco proyectes mega urgencia al demostrar tu soltería. Así, si no te pela, por lo menos mantendrás una sana relación con tu dignidad, o con lo poco que te queda.

Deja en claro tus preferencias sexuales. **Hombre:** no seas tan tierno, ni hables tan amanerado; con tanta metrosexualidad ya es difícil adivinar. **Mujer:** no te comportes tan marimacha: nos encanta el cliché de la fina princesita con sus largos caireles y su inocencia intacta. Tampoco te comportes como sexoservidora que no cobra.

CÓMO ESCAPAR DE TU HORRIBLE DESTINO

Seguro llegaremos al año 2478 y seguiremos sin saber por qué mandan a la *friendzone* a quien en verdad vale la pena y prefieren tener una relación (de cualquier tipo) con aquel animal rastrero, ponzoñoso, asqueroso, putrefacto, falto de sentimientos, lógica, inteligencia y capacidad para querer a otro ser humano.

Como decía Cristhian Grey a Anastasia en *Cincuenta sombras de Grey*: "Te la voy a dejar caer para que aprendas". Les diré algunos de los consejos que no me han ayudado a mí del todo pero, bueno, ¡sean gente de fe, pinches amargues!

1 CÁCHALO EN EL FONDO.

Bien dicen que hay que tocar fondo para salir de las crisis. Si él o ella están cayendo al pozo con sus relaciones fallidas, espera ahí en las profundidades, para que emerja y renazca en tus brazos como Ikki, el Ave Fénix, en los *Caballeros del Zodiaco.*

2 CAMBIA LA ESTRATEGIA.

Como dice el viejo Einstein: "Locura es hacer lo mismo y esperar resultados diferentes". Si aquella frase de "sé tú mismo" no te está funcionando, haz lo contrario, haz cosas que nadie esperaría de ti. Tampoco enloquezcas intentando cosas retorcidas y de *frikis*.

3 JUEGA MÁS A LA OFENSIVA.

Si de plano nada te funciona o tu actual amor platónico está medio babas como para notar tus señales, declárale descaradamente tus intenciones. Advertencia: sólo los pro se han salido con la suya con este movimiento, que suele ser de todo o nada. Si eres conservador y no quieres perder lo poco que tienes, quédate en tu ambiente de pijamadas asexuales. Antes de tomar esta opción te recomiendo que te preguntes qué prefieres: ¿decírselo y saber el resultado real o quedarte con la duda de qué hubiera pasado? ¡Zas!

Sea como sea, atrévete a ser dueño de tu propio destino, controlando lo que esté en tus manos. Si los demás te condenan a la *friendzone*, al menos podrás vivir más tranquilo y aplicar la de "eres tú, no soy yo".

CÓMO LLEGARLE HASTA POR WHATSAPP

La forma de coquetear ha ido cambiando a través de los tiempos, desde la época de Adán y Eva en la que todo lo tenían más fácil, sin celos, ni "amiguitos", ni "se me acabó la pila del celular, Eva, y mi whats se pone en línea solito, en ocasiones". Nada de eso.

Hoy en día existe una gran herramienta de enamoramiento, vía mensajes de texto o hasta de voz: el famosísimo e internacionalmente controversial whatsapp.

No te sientas mal si te gusta alguien que no conoces y a quien solamente le has hablado por medio de tu teléfono o computadora.

HOMBRES

1. Si te gusta mucho, no olvides los mensajes de "buenos días" y "buenas noches".

2. Si le mandas mensajes de voz y ella te los contesta, significa que ya estás "del otro lado".

3. Escríbele mensajes cortos, simpáticos, al grano, pero sin que te veas demasiado coqueto.

4. No envíes imágenes de todo lo que ves, pensando que a ella le van a importar. Mucho menos videos XXX, de bromas pesadas o el de "Two Girls One Cup".

5. Contesta los mensajes de ella a la brevedad. No tan rápido para que no te veas desesperado, ni tan lento para que no piense que te vale.

6. No mandes fotos de tu "parte privada". Es nefasto cuando se van conociendo; espera a que se conozcan más, por ejemplo, unos... cinco días.

7. Si no te contesta, no te desesperes ni te pongas así de intenso:

SAMANTHA: Hola, Carlos. Sorry, ando en unas cosas.

CARLOS: Uffffffff, me preocupé. Por favor, hermosa, dime si necesitas algo y si te puedo ayudar. Sentí horrible al pensar que algo te había pasado. A ti o a tu familia. Ya estaba comprando armas para salvarte, pero bueno, menos mal que no tendré que matar a nadie por ti, jajaja... Aaah, ¿verdad? Te quiero mucho, mi niña, no lo olvides. En mí tienes a alguien que te adora, daría todo por ti y quiere lo mejor para ti, o sea yo. Jajaja, me pasé, ¿verdad? Soy simpático y muy seguro de mí mismo. Saludos.

CARLOS: Hola, hermosa, buen día. Hoy vi que tenía dos brazos y me acordé de ti. Tú también tienes dos brazos, jeje... qué coincidencia. *(9:00 a.m. visto)*
CARLOS: ¿Ocupada? *(9:40 a.m. visto)*
CARLOS: ... *(10:30 a.m. visto)*
CARLOS: ¿Tan mal te caigo? Jaja, no es cierto, avísame cuando te desocupes. *(12:00 p.m. visto)*
CARLOS: ¿Estás bien? Me preocupas *(14:00 p.m. visto)*
CARLOS: Voy a tu casa *(14:30 p.m. visto)*

SAMANTHA: Ok.

MUJERES

1. Deja que él empiece la plática.

2. No le envíes fotos donde enseñes de más. Es whatsapp, no "Conoce chicas sucias cerca de tu casa".

3. Cuidado con lo que escribes. A los hombres les encanta presumir los mensajes que reciben.

4. Si en tu foto de perfil enseñas hasta la garganta, no te sorprendas si te invita a su casa "a ver películas".

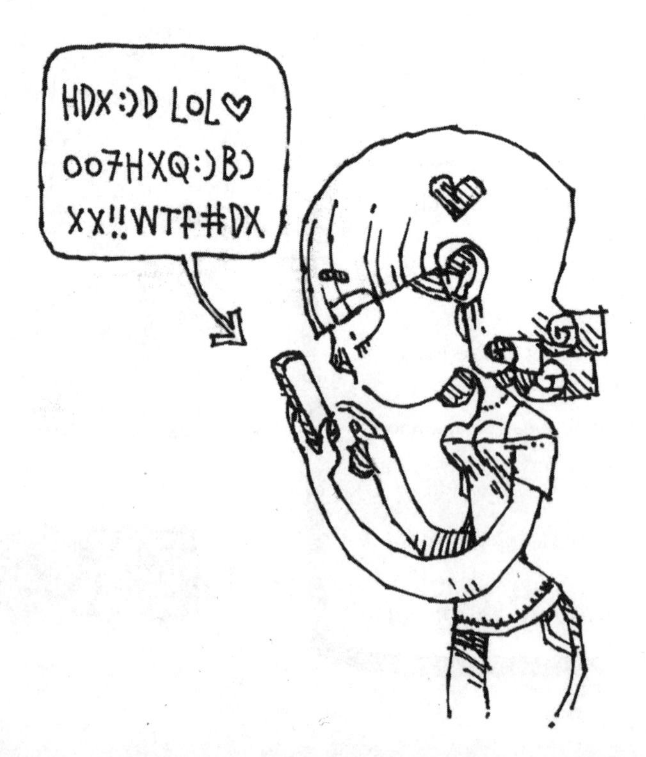

5. Cuidado si desde whats te invita a un bar; puede ser un violador-psicópata-maniático-enfermo-sexual.

6. Si te invita desde whats a un café, podría ser una persona tranquila o también un violador-psicópata-maniático-enfermo-sexual al que le gusta el café.

7. Si no te gusta, no le hagas caso. Dales alas a los que parezcan ángeles, no murciélagos.

8. Nunca dejes cosas al aire porque el cerebro del hombre es 98% sexo, 1% deportes, 0.5% aire, 0.5% inteligencia. Por ejemplo:

GERARDO: Pero vamos a tu casa y... ¿luego qué?

GERARDO: O sea… ¿no sabes?

GERARDO: Ahhh… ¿llevo dos películas?

GERARDO: ¿POOOR?

GERARDO: ¿Por tus papás? ¿Se enojan si estamos en la sala?

GERARDO: ¿Me estás insinuando tener relaciones?

GERARDO: Perdón, pensé mal… Mejor vamos al cine.

GERARDO: ¡NO MAMES, LAURA!

LAURA: Pues ya vemos, jaja.

LAURA: Quién sabe, todo puede pasar, jeje.

LAURA: A lo mejor ni las vemos, jiji.

LAURA: ¡Ya sabes! Jojo.

LAURA: Podemos ir a mi cuarto, juju.

LAURA: ¿QUÉ!?!?!?!?!!?!?!?! ¡PFFFF, NO!!!!! ¡¿QUÉ ME CREES?! ¡ERES UN ASCO! ¡PENSÉ QUE ERAS LINDO, PERO YA VI LO QUE EN VERDAD QUIERES!

LAURA: Pero ahí no vamos a estar tan solos, jiji.

(No insinúes cosas que no quieres.)

CONSEJOS PARA AMBOS:

1

KUIDADOWW KON LAAH ORTOGRAFIA,

NOOO Z3AS 3STUPI1D@WWW JAAJAJAJAJAJA (¡Qué flojera descifrar cada palabra!)

2

SI TIENES MUCHOS CHATS ABIERTOS, TEN CUIDADO:

No vayas a decirle “mándame una foto de más abajo” a la persona equivocada. Créanme, mi tía ya no me ve igual desde entonces.

3

NO MIENTAS POR CONVIVIR.

Por teléfono es fácil, pero todo se puede venir abajo si sigues con el teatro toda tu vida.

4

NO ABUSES DE LOS MENSAJES DE VOZ.

Está bien que te dé flojera escribir, pero tampoco abuses con un largo discurso.

5

BORRA TODAS LAS COSAS COMPROMETEDORAS.

No sabes en qué manos puede caer tu teléfono.

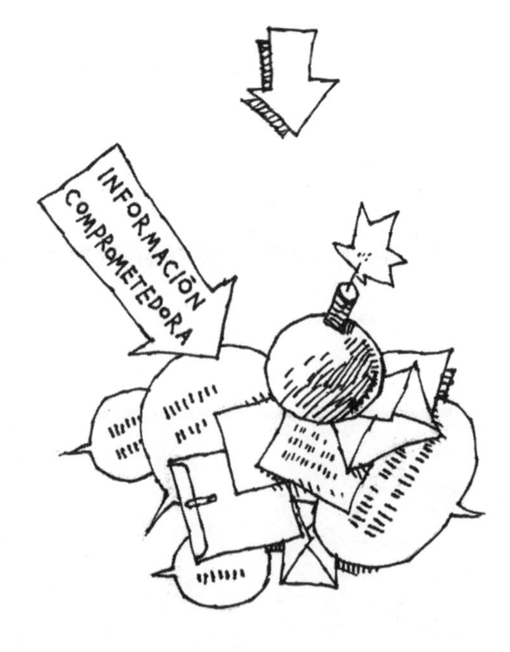

ODA AL WHATSAPP:

Te di mis mejores madrugadas
con la mirada perdida en el celular
esperando que la persona agregada
sacara un buen tema para platicar.

Y no te culpo por las fotos enviadas
aunque por eso me llegaron a bloquear
igual a esa pinche gente tan arrastrada
nunca en la vida le volveré a hablar.

Sabía que si lo intentaba podía pegar,
pues el único requisito en realidad
es que uno debe saber conversar.

Gracias, whatsapp, por hacer mi sueño realidad
por entrar en mi mundo y ayudarme a conseguir
mujeres con facilidad.

Núm. 4

EL TRUENE SIN QUE TE BLOQUEEN DEL FACEBOOK

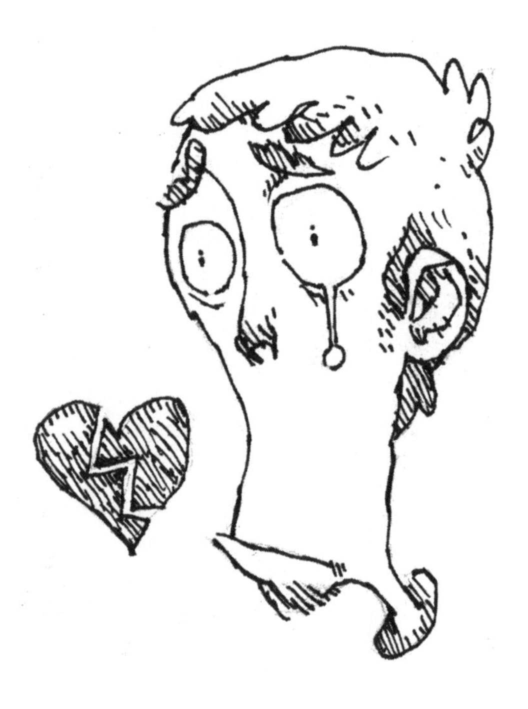

Facebook es como el aparador de la vida del *millennial*. Estamos tan obsesionados con él, que lo usamos religiosamente a pesar de que nos provoca ansiedad de varios sabores y colores. Y aunque podría citar estudios científicos que lo avalen, seguro los conoces porque los has vivido en carne propia. Por nombrar algunos:

① **Síndrome de abstinencia:** no puedes despegarte del cel, y cuando lo haces sientes que te desconectaste del mundo real.

② **Miedo a perderse las cosas importantes:** sientes que sin Face no te enteras de lo que hacen tus amigos y de lo que pasa en el mundo.

③ **Tic del *refresh* nervioso:** te la pasas dándole al botón de recargar obsesivamente con tal de ver si por fin te caen los likes, los comentarios o estados de otros.

④ **Trauma por contraste:** te comparas con la vida dizque perfecta en las fotos de tus amigos en donde aparecen comiendo repostería fina o viajando por Singapur, y te odias por ser tan sin chiste.

Te enumero los ejemplos sólo para demostrar que estamos todos locos: nos preocupa más habitar esa realidad virtual y encapsular nuestras experiencias en fotos y videos, en vez de enfocarnos en tener una vida primero.

Te digo todo esto como antecedente porque sobre esa alfombra de demencia se tiende todo el asunto del que te hablaré a continuación.

OPINIONES A NIVEL DE CANCHA

La onda es que te aterra fracasar en una relación, pero te aterra aún más lo que la gente piense de ti. Y resulta que Facebook es esa plaza pública donde todo es transparente, la fuente original de todos los chismes que afectan tu vida.

El mero cambio de estatus de relación en esta red es de por sí traumático. Típico que la noticia se publica y se te acerca gente de todas las calañas: los amigos compartidos que te dan su pésame, los buitres carroñeros que sólo esperaban la señal para echarte mano, los sabelotodo que ponen comentarios de "te lo dije" y demás.

Ahora imagina que, además, te eliminan del Facebook. Así, este problema (del primer mundo) llega al límite, no sólo por la ventaneada sino por el mensaje de: "Ya no quiero saber nada de ti, ni de tu vida, ni de tus estúpidos viajes".

Además, ese acto lleva implícitos otros problemas sociales. En el recuento de los daños, queda siempre la posición incómoda de toda la bola de allegados: los amigos compartidos por ambos muchas veces se debaten sobre qué lado tomar. La neta esto de elegir grupos y bandos parece sacado de las cavernas, pero qué se le va a hacer, así nos manejamos en esta especie. Las miles de fotos entre los dos quedan ahí para que las borres una por una, o en un álbum (o varios) para darle un solo DELETE... Además, siempre queda alguna foto por ahí volando que comprueba la historia entre los dos.

Las relaciones extendidas con tus cuñados y suegros representan otro puñado de sal a la herida porque el pensamiento de tribu que te mencioné se multiplica. Tan sólo imagina lo raro que sería que tu ex te desterrara de su vida en línea, pero aún la veas manifestada en las fotos de la abuela, gracias a que conservas el vínculo por el lado de sus familiares, a quienes quizá les sigas cayendo a toda madre.

En fin, por éstas y muchas cosas más, lo mejor es encontrar una solución pacífica antes de entrar al terreno de las hostilidades. Siempre lo he dicho: simplifica o muere.

JUEGOS DIPLOMÁTICOS

Lo primero es llevar el término de la relación al mejor puerto posible (al menos no al de los piratas de Somalia). Piénsalo así: cuando el ciclo de vida de un Godínez finaliza y lo despiden, ¿qué hace la empresa que termina con la relación? Lo compensa con su liquidación y finiquito, porque si no se les arma el problemón en Conciliación y Arbitraje. Así es que, como toda acción implica una reacción, en el caso de las negociaciones con tu pareja, el que lleva el sable del corte tiene la obligación de dar algo a cambio.

¿A QUÉ VOY? TIENES QUE JUGAR CON LAS REGLAS DE ESA DINÁMICA, TE ENCUENTRES DONDE TE ENCUENTRES EN LA RELACIÓN DE PODER. MÁS O MENOS ASÍ:

SI TE CORTAN A TI:

A menos de que hayas hecho una barrabasada, tú llevas la mano de la víctima. Negocia la salida con un cuento sobre cómo te sigue interesando como persona, y por tanto que no te gustaría perder el contacto en Facebook. Probablemente te interesa aún ya que por algo no cortaste primero.

SI TÚ CORTAS:

Dale su tiempo, si es que su reacción es alejarse de ti. No fuerces las cosas, porque tu manera de corresponder es no andar intenseando cuando ya de por sí hay presión. Tu estrategia ha de ser la de negociar con la tranquilidad después de la tormenta. Para más detalles, continúa en el siguiente apartado.

CON CALMA Y NOS AMANECEMOS

Es común que ante la calentura del rompimiento queramos desearle el mismísimo Armagedón al que antes era nuestro paraíso en la Tierra. Nomás recuerda la canción del grupo Pesado para tentar el ardor del que somos capaces:

Ojalá que te mueras,
que se abra la tierra
y te hundas en ella,
que todos te olviden.

O la que canta el Chapo de Sinaloa, ahí te va un hermoso fragmento:

Que no encuentres un amor tierno y sincero.
Que cada hombre que aparezca en tu camino sea un estúpido.
Que sólo usen tu cuerpo.
Que cuando pidas perdón siempre te ignoren.
Que te ofendan.
Que te humillen día a día, noche a noche, hasta que llores.
Que estés triste y que no te den consuelo.
Que te arrastren por el suelo.

¿De verdad tenemos que ser tan dramáticos? Caray. Lo cierto es que el odio sirve como antídoto a ese sentimiento de amor del que en ese momento nos avergonzamos y queremos destruir. Paradójicamente, es un fuego que funge como apagafuegos. En otras palabras, en vez de agarrarse a golpes, metan las manos en sus bolsillos y esperen a que se les salga un poquito lo enojados antes de hacer cualquier cosa.

Ya con la cabeza fría, ahora sí, lo que toca es desmentir la filosofía barata del "conmigo o contra mí" y del "todo o nada", porque, aunque te parezca increíble, es posible cambiar el switch del tipo de relación y conservar un vínculo cordial en las redes sociales, al menos hasta que alguno de los dos tenga pareja de nuevo.

Esto también les ayudará de paso a no hacerse tontos en la calle cuando se encuentren (porque somos capaces de voltear al cel dos horas consecutivas con tal de evitar el contacto visual con personas incómodas, aunque nos disloquemos el cuello en el intento).

Aunque hayas hecho gala de tus habilidades quirúrgicas al tratar el asunto con pincitas, no olvides que las aguas seguirán turbias, cochinas y agitadas.

Lo que sigue en las próximas semanas es calmarte un mucho. En esta fase debes de ser inteligente, aunque te den ganas de hacer todas las tonterías posibles con el pretexto de haber regresado a la soltería.

Para lograrlo, repite conmigo el decálogo de mandamientos del Werever para mantener la paz y la armonía en los tiempos del cólera facebookeano:

1 DIRÁS ADIÓS SOBRE TODAS LAS COSAS

Hablo específicamente de los chats. No presiones de más. Si se despide de ti o se hace güey, no te aferres a convivir.

2 NO TOMARÁS EL LIKE QUE TE DIO EN VANO

Si quieres regresar, es buena señal; ve poco a poco acercándote. Si no quieres regresar ten mucho cuidado, porque damos likes sólo para decirles a las personas que seguimos en sus vidas y no nos olviden aunque no queramos nada.

3

NO COMPARTIRÁS LAS FIESTAS

Aunque siempre te las des de estar en los mejores eventos, no le des "compartir". Tu ex puede tomar a mal eso de que andes de culero cuando la herida todavía está tan fresca (o que estás de ardido queriendo aparentar que estás mejor que antes... eso lo podrán notar todos en tu Facebook. Y se ve mal).

4

HONRARÁS A SU PADRE Y A SU MADRE

Nada de andar mentando madres ni echando culpas en pleno *timeline*. Ya ni hablemos de andar texteando con alguno de tus ex suegros.

5

NO MAMARÁS

No te hagas payaso, ni lances indirectas en tu muro, ni mucho menos tires directas en el de tu ex. Si haces esto, hasta tu ex se va a alegrar de no estar contigo.

6

NO COMENTARÁS ACTOS IMPUROS

Si alucinas que alguna de sus publicaciones va dirigida a ti o a su relación, hazle pantalla y déjala correr. No comentes. No discutas. No seas tonto porque harás feliz a tu ex cuando vea que sí te llegó el comentario y te afectó. CABEZA FRÍA.

NO BORRARÁS

No lo elimines si es que quieres regresar... pero si te hizo una chingadera, créeme, tienes la aprobación de todos para borrar todo de tus redes sociales.

NO MENTIRÁS SOBRE TU ESTATUS DE RELACIÓN

Nada de andar dando lástimas conservando el "En una relación con...". Si dejas ese estatus con tu ex, eres un pinche *loser;* si mientes al ponerlo con alguien más, eres un bebé llorón y vengativo.

NO PUBLICARÁS PENSAMIENTOS NI DESEOS IMPUROS

Nada de andar publicando fotos ni ideas comprometedoras de tu ex, ni mucho menos echarle en cara lo bien que estás sacando el clavo con alguien más. Juega limpio.

NO CODICIARÁS SEGUIDORES AJENOS

En otras palabras, no andes *stalkeando* quién sigue a quién, ni agregando gente sólo para demostrar los puntos que creas tener. Ya ni hablemos de andar de intrigoso, diciendo falsedades para que todos te vean con ojos de amistad y con ojos de enemistad a tu ex.

Si sigues estos sagrados mandamientos, cachorro o cachorra, garantizarás tu buenaventura y un lugar en el paraíso... al menos en el paraíso mental.

No te desgastes viviendo para molestar a tu ex, mejor ve hacia delante, que el camino es largo.

VOLVER, VOLVER, VOLVER (MI EX ME MANDÓ UN TUIT)

Ustedes saben que el hombre es el único animal que no aprende después de haberse lastimado, y aunque este libro habla sobre el ligue con nuevas personas, también tengo que escribir sobre el ligue con las personas de antes. (Ojo, cuando digo hombre me refiero al ser humano en general, no quiero decir que los hombres seamos unas bestias… aunque lo somos.)

Volver con tu ex. VOL-VER.

¿QUÉ ES UNA EX PAREJA?

Un ex no es la persona con la que acabas de cortar y al día siguiente llamas lloriqueando, ni a los dos días o a la semana, porque los dos están de orgullosos esperando que sea el otro quien llame. Un ex debe ganarse el título, sudarlo.

Un ex es ex cuando ya pasó tiempo, cuando entre el truene y el evento al que no queremos llegar (REGRESAR CON TU EX) ya corrieron varios meses y hasta se les atravesaron varias personas en el camino. Un clavo saca otro clavo decían, y por más que clavaste, no pudiste olvidar a tu anterior pareja. AHÍ tenemos a una ex pareja.

¿QUÉ ES EL VOLVER, VOLVER, VOLVER?

En muchos lugares le llaman "volver" al acto de vomitar y vaya que es casi la misma sensación la que sucede con una ex pareja porque terminas haciendo algo llamado "REligue". Si sólo buscas a tu ex para atormentarlo de nuevo, ALTO, ¿en serio vas a gastar tu vida en hacer infeliz a alguien? Ahora bien, si no quieres con tu ex y nomás andas caliente, por favor, te invito a que vayas al capítulo "Amigos con derechos"...

Entonces, ¿quieres reconquistar, religar, reatraer, reenganchar, rempujar a tu ex? No voy a juzgar, depende de cada quien, pero a ver, ¿cómo hacerle?

PRIMERO, HUBO UN CONTACTO. HAY DE DOS SOPAS:

Tú buscaste (mandaste un whatsapp, un tuit, le diste like a una foto suya en Facebook, Instagram, Pinterest… o ya muy desesperadamente un "toque" en Face).

Te buscaron (te mandaron un whatsapp, un tuit, le dio like a una foto tuya en Facebook, Instagram, Pinterest… o ya súper desesperadamente te mandaron un icono en Hi5).

NO IMPORTA CÓMO HAYA SIDO:

Donde hubo fuego, cenizas quedan. Se repartieron las cartas. Las piezas se han puesto sobre el tablero. Mueve tu peón.

¿CÓMO VOLVER? ¿CÓMO RELIGAR? ¿CÓMO GANARTE DE VUELTA A TU EX?

Bueno, si eres tú la parte que busca religar, ¿cómo le vas a hacer creer que cambiaste? Esto es como vender un producto que salió defectuoso, porque si tu ex te había mandado muy lejos fue por algo…

Ríanse, busquen la atracción de nuevo. Luego, retomar…

NO, NO, NO, imposible seguir. Discúlpame, no puedo.

Existen más de 7 mil millones de personas en la Tierra, ¿de verdad crees que vale la pena gastar tu tiempo en querer volver con tu ex? ¿No crees que ya es necedad, capricho o falta de dignidad? ¿Habiendo tantas te estancarás en una sola? No.

La verdad es que si cortaron fue por algo, y lo más probable es que eso se repita cuando vuelvan… y otra vez en el siguiente round… y en el siguiente… y así hasta que tu vida se convierta en un ring de la UFC en el cual siempre terminas bañado en sangre.

Así que mejor aprovecha el vuelito, el sabor que te da el despecho, el rechazo o haber sido quien despachara al otro. Por alguna razón que desconozco (pero sobre la que seguro ya hay algún programa de Discovery que explica el porqué está mal regresar con un ex), una persona que estrena soltería es mucho más atractiva al sexo opuesto o a los del mismo sexo (uno nunca sabe). Así que si es tu caso, pasa a los demás apartados y sigue mis consejos.

PERO SI DE PLANO ESTÁS EN LA DUDA YA SEA PORQUE BUSCASTE O PORQUE TE BUSCARON, VOY A RESPONDER A LAS "FAQ".

(Frequently Asked Questions, "preguntas más frecuentes", pa los que no le saben al inglés.)

① **¿Es buena idea buscar a mi ex o contestarle?**
- No, a menos que hayan terminado porque tú quisiste.

② **¿Pero si ando caliente?**
-Llévate algún preservativo. Más vale condón en mano que pagar colegiaturas los próximos 18 años.

③ **¿Si contacto a mi ex me pondré mal?**
- Sí, lo más probable es que sí. Nunca acaba en algo bueno.

④ **¿Existe la media naranja?**
- No.

⑤ **¿Voy a encontrar a otra persona?**
- Sí.

⑥ **¿Y si nadie me quiere?**
- Si te haces esa pregunta, porfa, no te tires al piso. Siempre hay un roto para un descosido.

⑦ **¿Cuánto tiempo debe pasar para decirle a mi ex que la extraño?**
- Una eternidad, o cuando México gane el Mundial.

⑧ **¿Y si estoy 200% seguro de que es el amor de mi vida?**
- Ándale, vas. Luego si truenas retomas el libro. También me cae bien la gente masoquista.

EN RESUMEN:

Habrá quien sea un gran romántico y decida recuperar a su pareja. Sólo recuerda que no estás en *Friends,* ni en una película de amor, y lo más probable es que no salga bien… aunque siempre hay excepciones. Por eso al principio dije que se vale cuando la ruptura es reciente, porque quiere decir que todavía hay algo que salvar, que la neta ni son ex.

Lo que digo es que si ya pasó tiempo, lo más seguro es que nomás te sientas solo y te estés agarrando de lo último que tuviste porque andas caliente o porque quieres que alguien te haga piojito o qué sé yo. Pensarás que todos los buenos momentos que tuviste con tu ex se pueden volver a vivir y que con nadie más podrías pasarla así, pero te invito a que conozcas a más personas y te apuesto lo que sea a que tendrás mejores momentos o experiencias que con tu añorado ex.

El consejo de Werever: síguele buscando, que para eso escribí esta guía.

Núm. 6

LA SUEGRIZA

Para cultivar una buena relación no basta con impresionar a tu pareja; hay un tercero y un cuarto en discordia: sus padres. Como en esta guía no se nos escapa nada, en el siguiente apartado veremos cómo llevarla en paz con los suegros para que no anden de metiches poniéndote la pata.

Dicen que la primera impresión es la que cuenta, y cuando se trata de causarla en los suegros la cosa se complica. El viejo mito de que las personas nos están juzgando todo el tiempo no sólo parece cierto, sino que en este caso tiene un efecto multiplicador.

Aquí tendrás una pequeñísima desventaja: su juicio estará lleno de sospechas de que simplemente no eres suficiente para su criatura. Para corroborarlo, cuentan con un arsenal de herramientas para abrirte la cabeza y escarbar.

No importa qué hagas, si andas con su hija, piensan que eres un caliente que sólo quieres usarla (y aunque de hecho sí seas un caliente, ellos se niegan a ver la otra parte de ti).

Si andas con su hijo, pensarán que eres una méndiga y facilona que va a engañar a su pobre hijo hermoso.

LA PRUEBA DEL SUEGRO

Tus suegros son tan hábiles que te pondrán un examen sin que lo sepas. Intentarán aplicártelo en todo momento, en formato oral y sin previo aviso. Éstas son algunas de las preguntas que tendrás que contestar para aprobarlo:

¿ERES DE FAMILIA?

NO, SUEGROS, NO SOY DE FAMILIA. NACÍ POR GENERACIÓN ESPONTÁNEA.

El *pedigree.* Así es, como si fueras un perrito, no sólo van a pedirte tu cartilla de vacunación para asegurarse de que no estés rabioso o con alguna ETS, también te pedirán tus antecedentes familiares. Y así los apellidos se vuelven como claves secretas de acceso entre las distintas tribus. Si no, pregúntenle a Romeo cuando quiso con Julieta, o a Selena cuando cantaba "amor prohibido nos gritan por las calles, porque somos de distintas sociedades". Como tip, preséntate por apellido pero casual: "Mucho gusto. Gabriel MONTIEL". Así das pinta de alguien serio.

¿ERES "PERSONA DE BIEN"?

Aquí es cuando comparan religiones, valores y creencias como si fueran barajitas. Para hacerlo, tus suegros se darán golpes de pecho y pensarán que tanto ellos como su bebé son candidatos a ser santificados por el Vaticano. Si antes ya te pidieron tus antecedentes familiares, en este punto te pedirán los penales: sondearán disimuladamente si estudiaste en escuela pública o privada, si eres de los que sabe agarrar bien la copa de vino o eres de los que chupan la bolsa de papitas para sacarles la salsita de hasta abajo. Todo esto con el fin de evaluar si serás una buena influencia o los condenarás para siempre al infierno con tus perversiones.

¿ERES "BUEN PARTIDO"?

Lo que los papás quieren saber es si su bebé está con un Barcelona vs Real Madrid o se encontró con un Nueva Zelanda vs Australia. Que seas un buen partido significa que quieren saber si tienes madera para mantener no sólo a su criatura sino a los nietos que sienten que se merecen. Si eres hombre, te someterán a minuciosas pruebas para determinar si eres un huevón arrastrado bueno para nada, o si cumples con tu deber Godínez al pie de la letra. Si eres mujer, además de tu trabajo fuera de casa, tomarán nota sobre tus atenciones con su cachorro. En resumen, del hombre esperan que traiga suficiente pan cada día, y de la mujer, que haga bien los sándwiches.

PERO NO TE DESANIMES, LA VERDAD NO ES TAN HORRIBLE COMO LA PINTÉ.

Así que antes de cortar la relación (o de plano tus venas) sólo para evitar la primera comida con tus suegros, mejor ponte listo para prevenir cualquier desastre.

De aquí en adelante, te daré una miniguía de supervivencia para más o menos dar el gatazo.

PREVIO AL CONTACTO

Transcurren los días y, ante la inminencia del impacto, no queda más que apretar los dientes, abrochar el cinturón, lanzar un avemaría al aire y atender estos consejos de preparación. Más vale prevenir que tener suegros con cara de huele pedos cada que te vean.

CONOCE LA ETIQUETA

Si vas a un restaurante lujoso o evento de gala, asegúrate de conocer las reglas de etiqueta, porque ¿qué nos queda a nosotros los desafortunados si además de pobres somos unos mugrosos malcriados? Aprende todo aquello de usar tenedores y qué hacer cuando traen el vino a la mesa con alguno de esos güeyes que ponen videítos en YouTube, por lo menos. Antes era bien difícil saber cómo eran los lugares, ahora aprovecha el internet para ver más o menos cómo es el lugar.

2 PERO TAMPOCO CAIGAS EN EL EXTREMO SÓLO PARA SIMPATIZAR

Y lo digo porque, además de las tonterías de etiqueta que todos nos creímos en cierto punto de la historia, algunos ricachones chiflados lo suben de nivel. Hay quienes incluso tienen rituales raros como no terminar su comida para no aparentar ser muertos de hambre. ¡Ah, la aristocracia!

3 INVESTÍGALOS

Bien dicen que en un primer encuentro no se debe hablar de política, de religión, de cómo los Murciélagos de Guamúchil son inmensamente mejores que el Atlético de Madrid. Esto es porque puedes tener opiniones muy diferentes a las de tus acompañantes. Además de cerrar la bocota en temas delicados, infórmate bien sobre las creencias de la familia. No vaya a ser que te burles de los rituales paganos y resulta que son satanistas.

HAZTE DE UN DETALLE

Parte del ritual de iniciación es llevar una pequeña ofrenda a la familia. Ojo: escribí "pequeña" por la sencilla razón de que algo muy sofisticado puede lucir como un soborno, y tu objetivo es solamente aclarar que vienes en son de paz. ¡Tampoco seas tacaño y lleves una Coca de dos litros! Una botella de vino es suficiente. Incluso puedes ir con la historia de "mi familia les manda esto"… ¡Pum! Los tendrás en el bolsillo.

DESCARGA TODO TU SER EN EL BAÑO ANTES DE SALIR

Es en serio, no querrás crear un atolladero en el retrete o dejar el rastro de tu "aromatizante natural" por toda la casa. Para cualquier emergencia, nunca confíes en el destino traicionero y mejor lleva tu propio papel (no el rollo, pero unos kleenex no están de más). Descarga todo lo que tengas que descomer antes de ir a casa de los suegros.

¿CÓMO SOBREVIVIR AL EVENTO?

Con todo el entrenamiento al que te sometiste en los días previos, sólo queda ponerlo en práctica en la vida real. Aquí es donde comprueban de una vez qué tipo de persona eres. Para lograr buenos resultados, lleva a la práctica lo siguiente; yo sé lo que te digo.

PROCURA	EVITA	¿CÓMO?
Romper el hielo	Romper en llanto	Aunque seas un mar de nervios por dentro, no dejes que escurra por fuera. Basta que inicies una conversación relajada para deshacerte de toda la tensión acumulada. Preguntas casuales son la mejor opción.
Llevarla bien	Ser llevadito	Cuando decimos que la buena conversación es un arte no nos referimos a parafrasear canciones de Molotov sobre la mesa.
Ser dulce	Ser empalagoso	Saca uno que otro halago sobre el buen gusto de la decoración hogareña, pero hasta ahí; no te hagas el hippie con tus suegros, no los abraces y llames "papás" a la primera. Tampoco seas cariñoso(a) con tu novia(o), sé respetuoso frente a sus papás, no sabes qué puedan considerar inadecuado.

PROCURA	EVITA	¿CÓMO?
Ser cortés	Ser cortante	Nada habla peor de ti que tú mismo, aun cuando piensas que tu palabrería tiene algún sentido.Respeta los turnos de los demás, escúchalos con atención y deja de interrumpir con tus historias de supuesta grandeza. Tenemos dos orejas y una boca por esa misma razón.
Esforzarte	Esforzarte demasiado	Al final, ayuda a recoger la mesa, lava unos cuantos trastes y listo. Si en tu afán de hacendoso lavaste la vajilla y hasta preparaste a la familia el desayuno del siguiente día, evidentemente te pasaste de barbero. Hasta se burlarán de ti al día siguiente a tu espalda.
Pagar la cuenta	Contar la paga	Si van a un restaurante, saca la plata y no el cobre: no andes de cuentachiles, pichicateando hasta los centavos de la propina.

SERVICIO DE MANTENIMIENTO

Una vez arrancada la maquinaria, de nada te serviría echarte a la hamaca a tirar pelota con la sonrisa del que piensa "qué chingón soy". Ese pequeño triunfo significa haber cumplido tan sólo uno de una serie de rituales que deberás seguir para prender la llamita del buen samaritano ante tu familia política.

¿QUÉ SIGUE ENTONCES? ENTRE MÁS ASPECTOS PALOMEES DE LA SIGUIENTE LISTA, MÁS CERCA ESTARÁS DE EMBONAR CON ELLOS.

Respetar la santidad hogareña. No te revuelques en el sillón, o si lo haces, domina la técnica ninja: con silenciador y una toalla sobre el tapizado.

Seguir al pie de la letra el reglamento interno. Como en la escuela, deja las llegadas tarde para casos de fuerza mayor como borracheras y besotes épicos.

Invitarlos a cenar a tu casa de vez en cuando. Para que vean que no eres una persona cualquiera y quieres llevar todo en paz.

Acudir a las fiestas familiares. Aunque tengas que soportar el nefasto cumpleaños de su hermana la de los comentarios incómodos, verás recompensados tus esfuerzos cuando alguien te diga "primo(a)".

Ir a la iglesia con ellos una vez al mes. Puntos extra si cantas las canciones; aún más puntos extra si vas libre de pecado.

En fin, aunque parezcan de otra especie, lo cierto es que tanto tú como tus suegros son seres humanos, y así el mejor de los consejos es que te comportes y los trates como tales. Sé tú mismo.

Si estás buscando algo serio tendrás que esforzarte para tener buena imagen ante ellos, aunque debo decirte que no todos los hijos se llevan bien con los papás (y si te llevas bien con ellos hasta puede ser algo malo para tu pareja); en resumen, sé una persona cordial sin convertirte en lamebotas.

Recuerda que los padres están dejando en tus manos el presente y el futuro de su hija o hijo, así que no te tenses si son exigentes, es entendible.

Núm. 7

AMIGOS CON DERECHOS

Todos hemos escuchado que los jóvenes *de ahora* le tienen miedo al compromiso. No sé si sea eso, no sé si existe el "compromiso" o si nomás es que no estamos dispuestos a aguantar a alguien que nos esté jode y jode y jode y jode... y te diga que hagas algo o no lo hagas... y te engañe... y pin"·$"·Casandra hija de tu re pu$··%$·· madre... Bueno, el punto es que, aunque no queramos tener una pareja por el trabajo, por los viajes, por la fiesta o sólo porque no nos gusta que nos estén diciendo qué hacer y a qué hora hacerlo, de todas formas necesitamos un "cariñito" de vez en cuando... o lo más seguido posible (y por favor no abusen de ese recurso con otra persona ya que pueden ganarse el apodo de la monja "Sor Rita"). Para eso, estamos siempre cazando (todos, no se hagan) a un amigo o amiga con derechos. ¿O para qué creen que existe "el toque" en Facebook?

Pero, ¿en dónde están? No es nomás así de pedir "uno para llevar". No se consigue uno tan fácil. Aquí les diré cómo conseguir a un amigo o amiga que esté de acuerdo en darles derechos suficientes y ustedes en dárselos para... *you know.*

También se trata de mantener los derechos sin que interfieran otros temas. ¿Quieren que los amigos sepan? ¿Tienen amigos en común? ¿Van a ir con el chisme? Y si quieres dejar a tu amigo con derechos, pues vas, siempre existen mejores horizontes, ¿no?
Y como todo en la vida, las cosas buenas terminan en algún momento.

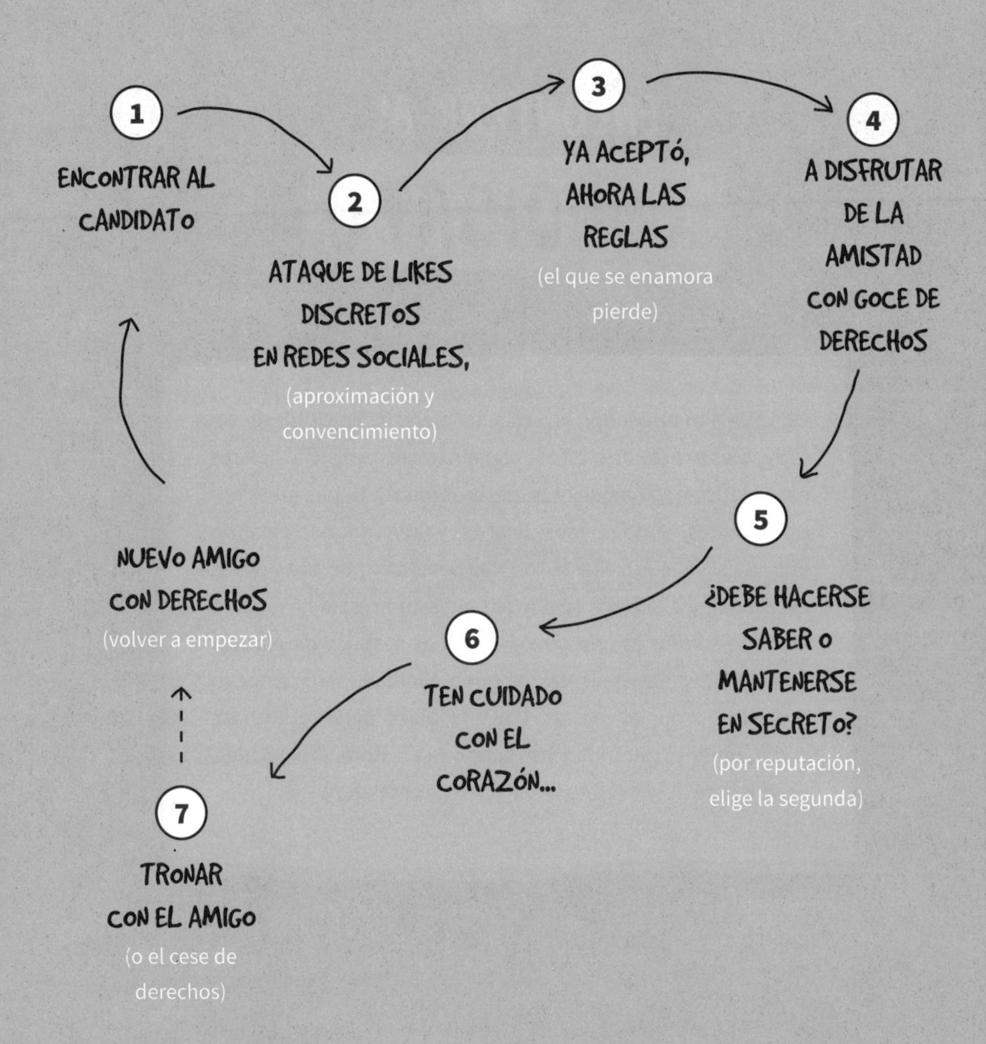
EL CICLO DE VIDA DE UN AMIGO CON DERECHOS
1
ENCONTRAR AL CANDIDATO
2
ATAQUE DE LIKES DISCRETOS EN REDES SOCIALES,
(aproximación y convencimiento)
3
YA ACEPTÓ, AHORA LAS REGLAS
(el que se enamora pierde)
4
A DISFRUTAR DE LA AMISTAD CON GOCE DE DERECHOS
5
¿DEBE HACERSE SABER O MANTENERSE EN SECRETO?
(por reputación, elige la segunda)
6
TEN CUIDADO CON EL CORAZÓN...
7
TRONAR CON EL AMIGO
(o el cese de derechos)
NUEVO AMIGO CON DERECHOS
(volver a empezar)

1

ENCONTRAR AL CANDIDATO

Observa a tu alrededor, hay muchas personas para elegir. No te agobies pensando en si ese alguien te cae bien, no lo quieres para platicar (¿para qué más que la verdad?). Déjate guiar por tus instintos. Si no puedes dejar de voltear adonde está (no importa si ya te estrellaste con tres personas y te caíste de las escaleras), y ella (o él, según sea el caso) no sale huyendo y hasta te sonríe, es una buena señal. Si después de platicar con esa persona no sientes ninguna afinidad, pero tampoco repulsión, y por el contrario, el cosquilleo persiste, te hace sudar, tener escalofríos y hasta te da calentura, ¡felicidades, encontraste al candidato ideal! (O tienes malaria.)

2

ATAQUE DE LIKES DISCRETOS EN REDES SOCIALES (APROXIMACIÓN Y CONVENCIMIENTO)

Ahora será necesario convencer a la persona de que quiere y que además quiere contigo.

Para eso siempre será importante meterle imágenes en la cabeza. Que piense en eso, pero que sepa también que tú sabes cuáles son sus ideas, gustos y disgustos.

Casi siempre debe partir de la confianza. Por eso, tampoco debes ser tan lanzado o tan obvio. Deja que todo se mueva en la ambigüedad, que no sepa si quieres o no o qué quieres. Como dice Arjona: "Dime que no y me tendrás todo el día pensando en ti". O como dice Skrillex: "ksakjajkjjjajkjajsjdnjk". Que le piense.

Háblale de cosas "de ese tipo".

Platícale de tus experiencias, pero casual, sin insinuar.

Lúcete (véndete bien. Es como pedir trabajo como practicante: sin paga pero ganas experiencia).

Indirectas

¿Ya dijo que sí?

3

YA ACEPTÓ, AHORA LAS REGLAS (EL QUE SE ENAMORA PIERDE)

Es importante que establezcan las reglas del juego. No pueden meterse a la "cámara húngara" sin saber en dónde se marca falta, amarilla o de plano la tarjeta roja.

ÉSTAS SON LAS REGLAS QUE PROPONGO PARA QUE FUNCIONE:

NÚM. 1

La palabra «amigos» es simbólica: NO son amigos. No se cuenten las cosas, no se llamen por la noche para hablar del episodio de la serie o película que acaban de ver o para pedirle consejos por la ropa que van a usar al día siguiente. Eso puede provocar algún tipo de cariño. Recuerda que eres una máquina y no te puedes enamorar de tu amigo con derechos.

2. **Si no comparten amigos, no se los presenten.** Funciona mejor si la relación queda sólo entre ustedes. NO SE MANDEN IMÁGENES EN WHATSAPP, NUNCA SABES A QUIÉN SE LAS ENSEÑA.

3. **Y si comparten amigos, NO les cuenten.** Tampoco se esfuercen por ocultarlo, porque los van a terminar descubriendo.

4. **Ni hablemos de presentarse a sus familias.** No hace falta decir mucho, pero no te va a gustar que tú nomás quieras meter mano y su mamá se sienta tu suegra y te invite a comer el domingo.

5. **Eviten ir juntos a bodas y eventos formales.** Mejor llámense borrachos, querendones, a las tres de la mañana, lo que cualquier persona en su sano juicio haría.

6. **Nunca se digan lo que sienten.** O mejor, no sientan nada.

7. **Se vale gustarse.** Pero bajo su propio riesgo. Recuerda que es la antesala del infierno.

4 A DISFRUTAR DE LA AMISTAD CON GOCE DE DERECHOS

Una vez dentro, bastará con respetar las reglas para así pasársela bien. Las primeras veces son las mejores y, bien manejado, las segundas, terceras, cuartas; las quintas no tanto, pero ya a la sexta le agarras el modo.

5 ¿DEBE HACERSE SABER O MANTENERSE EN SECRETO?

La relación de amigos con derechos es entre DOS amigos. No tendrían por qué involucrar a más personas. O bueno, pueden contarle a un amigo, amiga cada quien. NO MÁS; y procura no pelearte con quien le contaste porque lo puede revelar.

6 TEN CUIDADO CON EL CORAZÓN...

Ya se la saben, pero, por favor, no vayan a enamorarse. Por eso pasaron por el proceso para elegir a la persona adecuada. Si se enamoran todo se pierde. Sí, podrían terminar como pareja, pero si desde un principio se eligieron es porque no se sienten así. Están para tocar otra cosa, no el corazón. Mejor enamorarse de alguien que empezó como algo bonito que de alguien que comenzó como una calentura.

7 TRONAR CON EL AMIGO (O EL CESE DE DERECHOS)

Lamentable. ¿Por qué querríamos dejar de tener derechos gratis? Seguro regaste la sopa. Quizá la gente se enteró. No respetaste las reglas o llegó alguien que vale la pena ser su pareja, ¿verdad? En fin, está bien, termínalo. Como es una guía de ligue, no puedo decirte cómo terminar, pero sí que siempre encontrarás mejores opciones. Y él (o ella) también.

8 NUEVO AMIGO CON DERECHOS (VOLVER A EMPEZAR)

Y todo vuelve a empezar... Ver el punto número 1.

REDES SOCIALES

Like en Instagram: Le agradas.

Like en Facebook a una foto vieja: Te *stalkeó* y anda pasando lista para ver si le hablas.

Fav en Twitter: Anda tras de ti. A nadie realmente le importa un fav a menos que quiera hacerse notar.

Toque en Facebook: Le U-R-G-E-S. ¿Quién coño usa el toque de Facebook?

Snapchats: Ya estás del otro lado, andan de fáciles los dos.

Comentario en Hi5: ¿Qué pedo con tu vida? ¿También usas disket?

Núm. 8

¡AY, MI CUÑADITO!

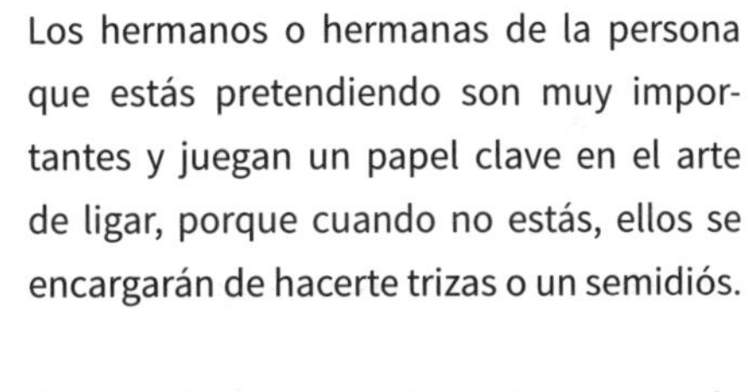

Los hermanos o hermanas de la persona que estás pretendiendo son muy importantes y juegan un papel clave en el arte de ligar, porque cuando no estás, ellos se encargarán de hacerte trizas o un semidiós.

Son particularmente importantes por la mera razón de que tienen un pie en cada lado. Por una parte, comparten (o casi comparten) tu edad y la de tu pareja; por otra, están unidos por el cordón umbilical de la sangre con sus padres.

Ojo, acá hay algo que debes saber y es que en ocasiones tu cuñad@ no se lleva bien con su herman@ (o sea, quien quieres que sea tu pareja) y puede que si te llevas bien con él (ella) tu "ligue" esté destinado al fracaso.

A continuación te contaré, de lo general a lo particular, algunas de las estrategias para hacerte de la confianza de tus cuñados; o por lo menos evitar sus puñaladas por delante y por detrás (sobre todo estas últimas, porque duelen bien feo).

EL JUEGO POLÍTICO

Puesto que tú eres el único con la necesidad de demostrar tu valor a ojos de su familia, un cuñado siempre lleva la sartén por el mango. Tu deber es evitar que sienta la tentación de reventarte la cabeza con él.

Esta consideración debe ser la base de todas tus decisiones de ahora en adelante. Es más, consérvala como tu mantra, sobre todo cuando se te suban los humos y creas que te servirá de algo retarlo.

TODO ESTO DERIVA EN LAS SIGUIENTES RECOMENDACIONES:

① **Llega con banderas blancas desplegadas.** Hagas lo que hagas, no llegues a chocar hombro con hombro para demostrar tu condición de alfa o de abeja reina. La sonrisa es la mejor ofrenda de buena voluntad (tampoco llegues con cara de idiota riéndote de todo lo que haga porque vas a caer peor. Si te da risa algo, te ríes, y si no te da risa, no la fuerces).

② **Analiza la jugada.** Observa cómo se lleva con su familia, con tu pareja, pero sobre todo su actitud al verte: ¿Te gruñe? ¿Te mira a los ojos? ¿Te besa en la boca con la lengua? ¿Se frota contra tu pierna? De ahí sabrás cómo será el estire y afloje, esto es como un negocio.

③ **Adáptate a sus caprichos.** Así como manifestarle tu amor a un león con un abrazo es una invitación a que te despedace, lo mismo puede ocurrir si no atinas la forma en que debes acercarte y barbear a tu cuñado. Actúa como un camaleón, según las mañas e inclinaciones que le percibas. Tampoco seas su perro faldero que le da todo lo que quiere.

④ **Busca agendas en común.** Y aquí es donde pondrás en la balanza qué tanto amas a tu pareja. Si eres capaz de violarte a ti mismo, fingiendo que le vas al América aunque seas Puma, eso es amor y no fregaderas. De todas formas, no te recomiendo ir tan lejos: lo sagrado no se toca. Como quiera, seguramente podrán compartir algo más. Aquí está la delgada línea entre la dignidad y la humillación.

⑤ **Tiéndele la mano (pon la otra mejilla).** Hablo literal y metafóricamente. Siempre saluda como se debe, y ofrece tu ayuda en asuntos para los que eres bueno. Algo que funciona es que de tu lado tengas algo que ofrecer y que él o ella quiera, por ejemplo: alguien que le atraiga, un buen trabajo, oportunidades de crecimiento o ya de plano cosas materiales.

LA CONCLUSIÓN ES que la forma más eficiente para conquistar a la familia no es deshacerte por complacerlos, arrastrarte como gusano... Al contrario, el triunfo depende completamente de tus habilidades en el arte de la diplomacia, es decir, de cómo estiras y aflojas para que la liga no se rompa y ambas partes queden contentas. Portarte bien con ellos en lo público implica la libertad de portarte mal con tu pareja en lo privado.

NOTA IMPORTANTE: SI TU CUÑADO ES DEL MISMO SEXO QUE TU PRETENDIENTE, ¡CUIDADO!, PORQUE 1 DE 4:

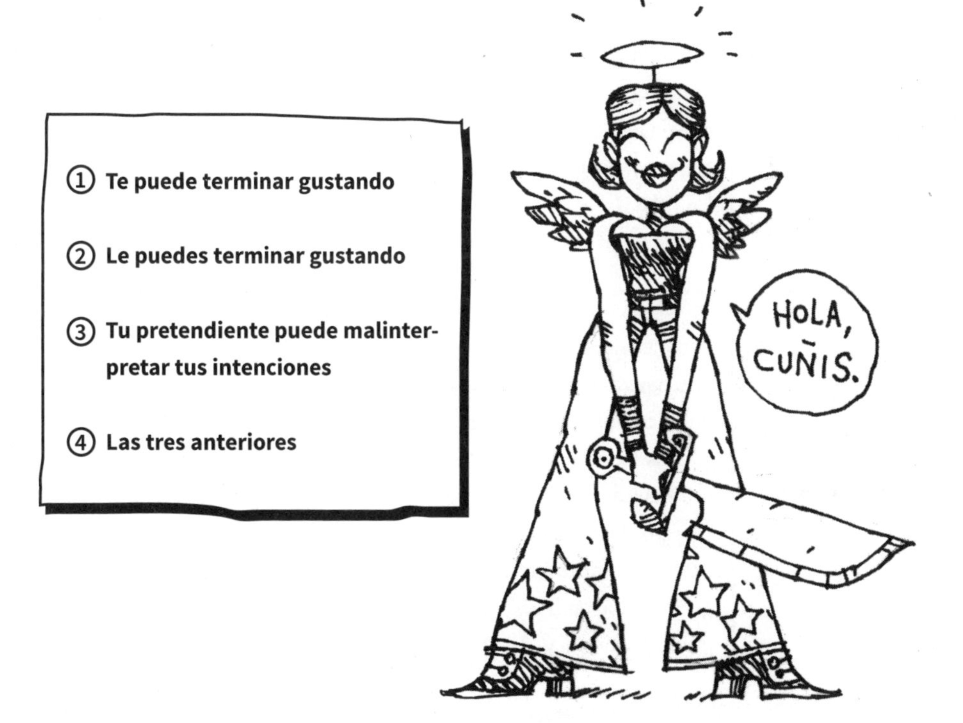

① **Te puede terminar gustando**

② **Le puedes terminar gustando**

③ **Tu pretendiente puede malinterpretar tus intenciones**

④ **Las tres anteriores**

LAS RAZAS

Dentro de la especie de los cuñados hay razas, y como con los perros (sin agraviar a los pinches perros que son los cuñados), hay algunos más mansitos que otros. Como ya lo habrás notado, los más sanguinarios (aquellos que disfrutan del sufrimiento ajeno) de plano sólo te verán como el hueso que nunca se cansarán de babear y roer.

ASÍ ES QUE MÁS VALE QUE ENDUREZCAS TU CORAZA Y QUE TE PREPARES CON LA SIGUIENTE CLASIFICACIÓN,

mínimo para adivinar por dónde vienen los mordiscos y que sólo sientas lo duro y no lo tupido:

RAZA	CARACTERÍSTICAS	CÓMO LIDIAR CON EL ASUNTO
El celoso	El acomplejado que busca la menor excusa para voltear la mesa y hacerla de pedo. Aprovecha que tiene a los jueces de su lado (tus suegros), para ganar por decisión, si es que le falla el K.O.	No te pongas al tú por tú porque saldrás perdiendo. Tiene la mecha tan corta que siempre hay que tratarlo con pinzas. Al necio, déjalo pasar que se topará con pared.
El chingaquedito	Reparte indirectas y comentarios pasivo-agresivos, y es tan dulce como una patada en los huevos. Planta intrigas y cizañas estratégicamente para después cosechar los frutos: la inevitable destrucción de tu relación. No le gusta que su hermano(a) tenga pareja por envidia.	Deja que los perros ladren, no los trates de educar dándoles en su madre con el periódico. Contestar con silencio es darle cachetadas con guante blanco, y la suma de estas cachetadas le harán entender tarde o temprano. Lo mejor es cuando quieren algo de ti, ahí la venganza.

RAZA	CARACTERÍSTICAS	CÓMO LIDIAR CON EL ASUNTO
La Yoli de limón (chismosa)	Tiene la antena bien parada y es especialista en tomar notas mentales de las cosas que dices. Es esa persona que te investiga en redes y ve si tienen amigos en común para saber cosas oscuras de ti.	La mejor forma de lidiar con una bruja deslenguada es convertirte en una persona de acción. Búscale algunos secretos sucios y si te echa indirectas, aplícale la misma para que sepa que
La cascanueces	La que se ofrece a ser tu chaperona, prácticamente como una labor de voluntariado. Ni te ilusiones con armar un *threesome* de hermanas, porque ella no es especialista en buenos tríos sino en malos tercios.	Pon toda tu creatividad en idear maniobras de evasión y escape: ponle una tranca a su puerta; soborna a un mercenario (tu mejor amigo) para que la saque a pasear; extrae a tu novia por la ventana; ¡lo que sea necesario!
El caemebién	El *cool wannabe* que tiene como principal objetivo en la vida usar a los demás para de paso comprobarles que es el más buena onda.	Síguele la onda pero no le des tanta cuerda porque es desesperante. Tampoco querrás que se te pegue y evolucione en un cascanueces como el anterior. No lo metas en tu círculo de amigos.
El valemadres	Te deja en claro desde el primer momento que lo que hagas con su hermano(a) ni le va ni le viene, pero en el buen sentido, es decir: te juzgará por tus acciones, no por el estatus de relación. ¡MÁS COMO ÉSTOS, PORFA!	Aquí es como jugar con un comodín en el póker. Úsalo cuando tengas buena mano, y no lo uses por usar si en esa jugada llevas las de perder.

RAZA	CARACTERÍSTICAS	CÓMO LIDIAR CON EL ASUNTO
El pechofrío	Es como el valemadres en el sentido de que no es fijado, pero tan no se fija que está prácticamente ciego con respecto a tu existencia; eres invisible para él.	Olvídalo, ni te desgastes. En serio, sólo vive y deja vivir. Es lo mejor que te puede pasar.

AHÍ TIENES LA LECCIÓN, CACHORR@: SI ANDAS DE ENAMORAD@, RECUERDA QUE EL PAQUETE INCLUYE UN HERMANO O HERMANA INCÓMODA CON QUIEN TENDRÁS QUE LIDIAR. COMO DIRÍA EL FERRAS DE YOUTUBE: "O LA BEBES O LA DERRAMAS".

Núm. 9

MI AMIGO SE PUSO BIEN SABROSO

Seguramente recuerdas con nostalgia aquel tercer año de primaria lleno de bestias salvajes y asquerosas a tu alrededor, cuando te especializabas en triturar las almas de los niños con tus crueles desaires; ah, esos días de experimentar el regocijo ante el crujir de los sueños de aquellos que llegaban a robarte un beso y a ofrecerte frituras baratas con limón.

De hecho, los alemanes tienen un término para ti (seguramente se lo aplicaron bastante a su compadre Hitler): "Schadenfreude", que significa ese extraño sentimiento de alegría creado por el sufrimiento de otro ser humano. Como cuando ves que le va mal a alguien y te sientes feliz.Sin embargo, los años pasaron y, BAM, aquel chiquillo escuálido que quería intercambiar mocos contigo se ha convertido en Christian Grey versión turboguapo. ¿Cómo es posible que aquel que sólo te inspiraba asco ahora te arranca suspiros?

Sale, se te invirtieron los papeles, ¿ahora qué? Primero vale la pena que le eches una pensada y que no te le dejes ir apasionadamente como "gorda en tobogán". Las chicas suelen guiarse por su corazón y, si tu corazón es un facilote, entonces tu cerebro debe dictar los límites.

TU INTERIOR ES ALGO ASÍ:

Corazón: Oye, está muy guapo y creo que debemos de darle una oportunidad.
Cerebro: ¿Cómo crees? Lo tratamos pésimo en la primaria y secundaria.
Corazón: No importa, el pasado ya es pasado.
Cerebro: Tienes que entender que sólo quieres estar con él porque está guapísimo y no porque en realidad tienes cariño por él.
Corazón: Está bien, dejaré ir a Diego, tienes razón. Nuestros caminos son separados.
Cerebro: Gracias por entender.
DIEGO: ¡Hola!
Cerebro: Te amo.
Corazón: ¡Hazme tuya!

Si ya te la pensaste un par de veces y de plano sí le quieres acercar el tapete para que te lo siga moviendo, no te queda más que considerar las siguientes fases logísticas.

Si crees que ya la hiciste, no cantes victoria. Aún faltan aspectos por librar, sobre todo aquél tan importante de: “Pues sí me gusta, pero más allá de eso, ¿este güey tiene madera o es puro tablarroca?”.

Si después de computar los datos el resultado es positivo, entonces sólo falta analizar el estado actual de las cosas, precisar cuál es el reto y decidir la manera en que planificarás su ejecución para llegar a tu objetivo.

Seguramente piensas que nomás estoy haciéndome el interesante con mi lenguaje de sistemas de calidad, pero ahí te va traducido:

ESTADO ACTUAL:

LE VI EL CUERPAZO EN UNA REUNIÓN DE GENERACIÓN DESPUÉS DE MUCHOS AÑOS DE NO SABER DE ÉL.

ES EL QUE LLEVA LAS CERVEZAS BARATAS EN LAS REUNIONES MENSUALES CON MI GRUPO DE AMIGOS.

LO VEO MUY SEGUIDO PERO ESTÁ MEDIO TONTO Y NO SE PERCATA DE MI VESTIMENTA PROVOCATIVA.

LO VEO TODOS LOS DÍAS Y ME LIMPIA LAS BABAS QUE EVIDENTEMENTE SUELTO POR ÉL.

OBJETIVOS:

- NADA MÁS QUIERO QUITARME LAS GANAS.
- ME INTERESA COMO AMIGOVIO Y ESAS COSAS DE GRANDES.
- ME GUSTA PA' NOVIO, Y A VER QUÉ PASA.
- QUIERO QUE ME HAGA UN HIJO.
- ESTOY SEGURA DE QUE ES MI ALMA GEMELA.

Como puedes ver, tenemos dos orillas: la situación actual (la ubicación específica en la *friendzone*) y tus cochinas (o nobles) intenciones. Para lograr llevarlas a la realidad, requieres abandonar la espera de señorita comodina y poner manos a la obra, es decir: pensar cómo carajos dar ese salto entre una y otra orilla. Tu éxito dependerá en gran medida de qué tan grande es la brecha.

Para ilustrar el punto: si muy apenas se acuerda de ti o lo *bulleaste* tanto que incluso juró tomar venganza asesinando a tu descendencia, lo que tienes que hacer es prácticamente un salto de fe, y lo más es probable es que te canses de tanto padrenuestro y avemaría antes de convencer a Dios de que te haga el milagro.

Por otro lado, si fuiste su *crush* de la primaria y hasta se atoró con tus frenos en uno de esos besos incómodos en el recreo, la tienes hasta para hacerla de zurda y con doble mortal hacia atrás.

En fin, independientemente de si le entrarás al juego en modo normal o *hard*, hay que darle pa'lante, ¿no?

DEL DICHO AL HECHO

Ésta es la última parte del plan, justo donde delíneas la estrategia para sacarlo de la *friendzone* y meterlo en tus pantalones, o en tu corazón, o donde quieras metértelo. Ese proceso de extracción y reintroducción puede adoptar varias caras. Decide cuál se acomoda más a tu personalidad (y a tu urgencia):

① **Afloje de borrachera.** Las pedas son terreno fértil para tentar el asunto sin necesariamente poner en riesgo la amistad. Es prácticamente como adquirir un seguro contra accidentes: si las confesiones y los arrimones se ponen incómodos, siempre puedes sacar de la manga el clásico "perdóname, no era yo, no sé por qué lo hice, fue el alcohol". Supón que la cosa sale bien y que todo fluye en completa armonía. En ese caso el alcohol los empujó a hacer cosas que quizás existían en las fantasías de ambos pero que habían reprimido por miedo.

② **Agente encubierto.** Recluta a un mediador (un amigo mutuo, de preferencia) que le suministre chismes por goteo, poco a poco, para ponértelo de pechito si es que le ves ánimo de entrarle a la jugada. Su función es la de filtrarle información privilegiada sobre tus intenciones y además convencerlo sutilmente de que eres lo mejor que le puede pasar.

③ **Ataque de paciencia.** "El mejor fuego no es el que se enciende rápidamente", sentenció la escritora Mary Anne Evans (o algo así). Y aunque acá hablemos del cursi fuego de la pasión, vale la pena atizarlo lentamente antes de meter las carnes (literalmente). Para este truco necesitarás "trabajar" al chavo: invitarlo a tomar café o al cine casualmente, cada vez con mayor frecuencia, hasta que entienda que tus intenciones ya no son lo que eran.

④ **Kamikaze en Pearl Harbor.** Si en cambio prefieres incendiar todo el mugrero de un jalón, antes de perder el tiempo en cosas sin futuro, entonces ésta es tu opción. Contrario a lo anterior, donde la calma y la cautela eran las rectoras del plan, aquí se trata de ir sobre la idea. Si te decides por esta opción considera que hay mejores formas que otras. ¿A qué me refiero? A los hombres se nos hacen los huevos como pasitas cuando una mujer es muy directa y busca la iniciativa con nosotros. Así que te recomiendo ser sincera pero sutil, para que no vayas a poner en evidencia su ego machín. O sea: nada de "encuérate y tómame aquí mismo".

Si todo sale bien, ya sabes que no sólo es cosa de intentar el tiro y meter el gol, sino de cuidar el marcador hasta el final del partido. Y lo digo porque puede tomar tiempo habituarse al regreso desde las profundidades de la *friendzone*. Quizá requieras entrar a una fase de descompresión antes de hacer movimientos muy bruscos. No te vaya a explotar la cabeza y algo más.

El físico no lo es todo, no trates mal a quien se te hace feo, o bien a quien te agrada a la vista. Te aseguro que al final las mujeres buscan alguien con quien estar en paz y ser feliz (más que un trofeo musculoso que se ve bonito y no sirve de nada).

(¿a los tacos, al cine... a dónde?)

La primera cita es como la primera impresión (de hecho, ES la primera impresión) de un chavo como galán o una chica como galana. A veces se trata de apantallar, a veces de ser uno mismo, a veces de decirle a alguien que te llame e inventar que tienes una emergencia para poder irte de ahí. La cosa es que siempre dependerá de qué busques o de las expectativas de cada una de las dos partes.

Ahora, vamos a suponer que esto es ya una cita y no un café con un amigo o amiga porque eso es nomás hacerse tonto. Te voy a hablar de una cita, cita, donde los dos quieren ver qué onda, qué trae el otro. Saber si tienen cosas en común más allá de brazos, piernas, ojos y así. Entonces, con eso aclarado, te voy a decir qué tipos de cita pueden presentarse y cómo comportarse en cada una.

PRIMERO, ¿QUÉ ES UNA CITA?

Según la Real Academia Española:

cita.
(De *citar*).
1. f. Señalamiento, asignación de día, hora y lugar para verse y hablarse dos o más personas.
2. f. Reunión o encuentro entre dos o más personas, previamente acordado.
3. f. Acción de citar *(pinche academia se mata pensando, ¿eh?).*

El punto es que los dos quieren verse, así que deja la inseguridad en otro lado (a menos que sea una cita a ciegas, y ése es un tema espinoso y entraremos en él más adelante) y piensa en que van a venderse. Así. Tal cual. Marketing del amor.

Volvamos a la Real Academia Española para definir el vender (te aclaro que tomé las acepciones que van con lo que quiero dar a entender):

vender.
(Del lat. *venděre*).
2. tr. Exponer u ofrecer al público los géneros o mercancías para quien las quiera comprar.
5. tr. Hacer aparecer o presentar algo o a alguien de una manera hábil y persuasiva. *Vendía bien su imagen.*
10. prnl. Dicho de una persona: Atribuirse condición o calidad que no tiene.

Bueno, ¿quedó claro a qué vamos a una cita?
Ahora, hay diferentes tipos de contrapartes en cada cita.

DIFERENCIAS BÁSICAS:

Hombre: paga la mitad de la cuenta.
Caballero: paga la cuenta.

Mujer: acepta que le paguen todo.
Dama: hace un intento para pagar.

Hombre: la invita al cine (no van a platicar nada).
Caballero: la invita a comer (el chiste es conocerse, ¿no?).

Mujer: usa un escote y ropa ajustada.
Dama: se va arreglada sin ser vulgar (¿quieres ser su novia o su mujer para el rato?).

Hombre: le cuenta todo de su vida.
Caballero: escucha lo que le tienen que contar.

Mujer: habla de sus relaciones pasadas.
Dama: habla de la relación que le gustaría en el futuro.

Por lo general, de entrada sabes a quién te enfrentas porque hablaste con la otra persona o alguien te habló de ella. Entonces vamos a suponer que ya sabes qué onda.

PERO BUENO, ¿A DÓNDE IR?

Algunos tienen más lana para lucirse y salir de primera cita a un restaurante caro (¿qué es caro?, depende de la persona), a un bar, a un antro, a todo en una noche… Otros pues no, ni modo; por eso, lo mejor es ser realistas porque es una primera cita y luego terminas gastándote el dinero que no tienes en una persona a la que luego ni vuelves a ver (casi siempre ocurre en las citas a ciegas).

CITA A CIEGAS

No soy quién para juzgar, porque pueden tener lo suyo… sobre todo si te gusta la adrenalina… aunque es un terreno peligroso. Es súper común tener una cita a ciegas en estos tiempos, que ni te dé pena el conocer a alguien así. Estamos en la época del Tinder, Facebook, Twitter y mensajes sucios por Snapchat. Como puede tocarte un chavo o chava que te guste, puede tocarte alguien creepy, una estatua, una persona chillante… En este caso hay que estar bien seguro no sólo de la apariencia, sino de su forma de ser.

ACÁ UNOS CONSEJOS:

HOMBRES

Si la chava no te gusta porque se tomó las fotos en el mismo ángulo y en persona resultó verse otra, está bien si no la quieres volver a ver, pero no seas un patán. Esfuérzate por sonreír, no le des indicios de que habrá una segunda cita, no digas mentiras, no le hagas falsas promesas. Tampoco te desaparezcas porque, OJO, todas tienen amigas. ¿Cómo sabes que no terminarás con una de ellas? Si te gustó, entonces intenta hacer la plática y habla sobre cosas de ella, no tuyas.

MUJERES

Si el chavo sólo te ha visto en fotos, sé honesta. No subas fotos de hace cinco años o con lentes en la playa a 300 metros de la cámara. Evítate la pena de que cuando te vea en persona te deje de hablar, y luego te preguntes: ¿por qué me dejó de hablar? ¡Todos los hombres son iguales! Pues claro, si los acarrean a una cita bajo el engaño... Jajaja, ¿parece que me ha pasado? Si el susodicho no te gustó, sé amable y como tip para batearlo hazle saber que conociste a alguien o que estás interesada en otra cosa que no sea él. No le des alas al murciélago.

ENTONCES, ¿CÓMO SABER A DÓNDE IR? AQUÍ VA MI ECUACIÓN:

EDAD+SUELDO*(O DOMINGO)+(DÍAS DE CONOCERSE POR REDES SOCIALES)

---

*TIPO DE CELULAR QUE USAS Y LUGAR DONDE VIVES

¿Qué te dio? Nada, no hay respuesta.

¿QUÉ LUGARES SON LOS MEJORES?

¿QUÉ DICE EL LUGAR DE TI?

Pues ya sea por detallistas, por adinerados, por románticos, el lugar al que vayan en la primera cita dice algo de cada uno.

CINE: no quieres hablar y quieres ver si pueden besarse, ¿no? ¿O cuál es la lógica de llevar a alguien a un lugar oscuro y en donde no se puede hablar? Está bien, compro la idea de que sean algo callados o les dé pena hablar con la otra persona y el cine les da tiempo, llena horas y al final al menos tienen un tema de conversación además del trabajo, el clima o la comida (si van a cenar). Es buena opción cuando no tienes mucha plática, aunque puede resultar muy caro.

CENAR EN UN RESTAURANTE: es la más típica y puede ser que también la más recomendable, pero no para la primera cita. Creo. Muchas cosas pueden salir mal: que la comida les caiga pesada, que sea algo sucio el lugar; o bien, que la comida haga que se marraneen todos. Espero que si vas a algún lugar donde vendan alitas no pidan una orden de 25 o 30 para que terminen todos ardidos, manchados, con el moco de fuera y sudando de enchilados… La forma en la que uno come alitas saca al verdadero ser, así como dicen que conoces la esencia de una persona cuando se enfrenta a una computadora con una lenta conexión a internet. Aguas. Las cenas son excelentes para conocerse, platicar, y pueden ser baratas dependiendo del lugar.

CLUB, ANTRO O DISCO: No van a poder platicar muy bien por tanto ruido y tantas personas… pero eso sí, el alcohol siempre ayuda a aflojar los nervios. Esta opción es de las más caras.

BAR: podría ser una excelente opción por la media luz, la música (la que sea de tu agrado, rock, pop o algo para el perreo), el alcohol (procuren no emborracharse para que la primera cita no se convierta en un error). Quizás un par de copas sirvan para aflojar la lengua, aunque no el cuerpo, y soltarse, hablar más, pero no de más… Sin embargo, la idea del bar, la noche, el arreglarse y en este caso, de nuevo (aunque ahora en contra), el alcohol, podría prestarse a pensar en algo más serio. Es diferente a la anterior porque es más tranquilo (aunque el factor alcohol sigue ahí: este último te puede llevar a platicar o hacer cosas que ni te imaginas en la primera cita).

CAFÉ: éste puede ser el mejor lugar. Aunque muchos quieran pegarle al "cool" y decir que qué oso, la verdad es que no te comprometes, no dice que eres codo o despilfarrador, no hay nada que distraiga, no vas tan nervioso por verte bien, puede alargarse la cita si la pasas bien y de ahí pasarse a cenar a algún lugar relajado… en fin, es "irse a la segura". Vayan a un Starbucks, total, tampoco sean hípsters y se preocupen… al menos acumulas puntos en tu tarjeta.

En fin, vayan adonde vayan, sólo asegúrate de que ambos estén cómodos. Si van con la idea de meterse la mano, entonces no hagan caso, no es una cita sino un caso de amigos con derechos. Para eso ya les escribí otro capítulo. ¡Suerte!

Núm. 11

LAS CURSINDEJADAS

Es complicado para mí, de verdad lo es, hablar de este tema. Es que no podría escribir sobre cursilerías, sobre la miel que empalaga como churro relleno de cajeta, sin que te quede el saco más de una vez. Sé que no me arriesgo a que dejes el libro con una total indignación, porque en el fondo (y ni tan en él) sabes que todas esas cursilerías, esas ñoñerías, esas cursindejadas que haces en nombre del amor, son eso precisamente. ¿Verdad?

Pero definamos, porque primero debemos saber de qué hablamos. Una cursindejada es aquella cursilería demasiado cursi que además se comete sin sentido, sin respuesta, y deja una secuela, efectos secundarios, de esos que sabes que en unos años vas a recordar y te dará vergüenza contigo mismo.

AHORA TE DIGO QUE EN SU MORFOLOGÍA ESTÁ EL SECRETO. ME VOLVERÉ LAROUSSE (O LO QUE ES AHORA WIKIPEDIA) PARA EXPLICARTE UN POCO:

Según la Real Academia de la Lengua Española (en la mayoría de las definiciones):

cursi
Dicho de una persona: Que pretende ser elegante y refinada sin conseguirlo.
Es en serio.

dejada
sufijo. Pueden indicar acción, a veces con matiz peyorativo.
sufijo 2. Pueden señalar abundancia o exceso.

pendejo
Tonto. Estúpido.

sin
(sin recato, sin pensar las cosas y peor, SIN vergüenza)

Entonces, leamos de atrás para adelante, como con cualquier palabra que queramos definir desde su raíz.

Una cursindejada es:
Un acto *pendejo*, *excesivo*, *sin* recato y *sin* vergüenza que, además de todo, pretende ser lindo o elegante y a veces SIN conseguirlo.

Sigamos.

Aunque en algunos apartados me dirigí a las chavas, en otros más a los chavos, aquí tengo que tundirlos por igual. Es que las babosadas que hacemos por amor las cometemos todos. De hecho, no te voy a juzgar por eso, sólo lo haría si después de que pasa un tiempo y miras atrás no crees que aquello fue una cursindejada.

Comencé a escribir este apartado sin una idea clara, ¿consejos sobre cursindejadas? ¿Anticonsejos? ¿Enumeración? Decidí hacer un resumen de las cursilerías aceptadas, que no por eso dejan de ser pendejas, y las no aceptadas (o las que de plano te pueden tumbar del pedestal sobre el que te tenía tu pareja en potencia).

ASÍ QUE, A PARTIR DEL LIBRO DEL BUEN GUSTO DE WEREVERTUMORRO, AQUÍ TE VAN:

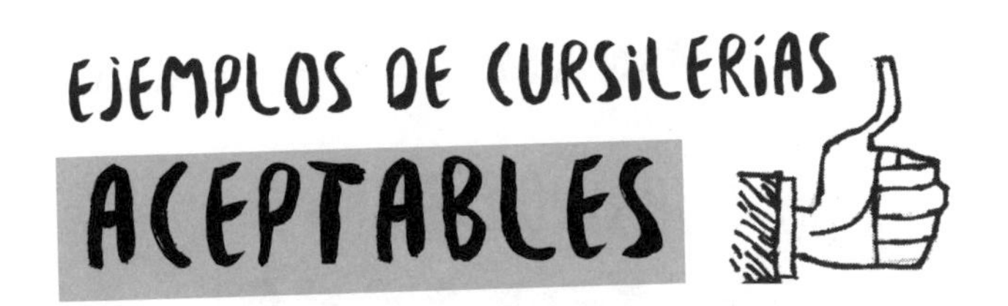

① **LLEVAR SERENATA** (hombres… o mujeres si de plano son muy “nueva era”). La neta es que sí es considerado cursi, pero también es perfectamente aceptable. Además de ser una tradición mexicana, quien lleva la serenata rara vez se ve envuelto en el numerito y no hace el ridículo. Por lo general, fuera del vecino amargoso que suelta un SSSHHH desde su ventana, todos ven con buenos ojos un mariachi en serenata, el mexicanísimo “llevar gallo”.

Nota: nada de reguetón versión mariachi y cosas nada bonitas.

② **HORNEAR UN PASTEL** (para mujeres… u hombres si de plano son muy “nueva era”). Dudé. Puede no ser siquiera cursi, pero creo que eso era antes, cuando a las seños las condenaban a la cocina y entonces crecerle la panza al hombre era casi casi como una obligación. Luego, conforme las chavas fueron olvidándose de la cocina (de más, diría yo, porque ni unos sándwiches en el microondas te hacen) pues el hornearle un postre al novio se convirtió en algo excepcional, en eso que podría suceder cada año bisiesto (depende del caso). En el libro del buen gusto de Werevertumorro esto es aceptable porque además la comida cumple un fin práctico, que es alimentar a la bestia.

Nota: pregunta qué le gusta. No vayas a hacerle algo que no se vaya a comer o “está a dieta”.

③ **UNA CENA ROMÁNTICA** (para los dos). Aquí no hay mucho que explicar. Sí, es cursi toda la onda de las velas, la falsa elegancia para cenar sushi con tortillas… pero va. Lo aceptamos. OJO: esto puede convertirse en una cursindejada si, por ejemplo, el chavo tiene planeado llegarle a la chava, le hace la cena, planta un camino de velas hasta la mesa, les pide a los amigos que la hagan de meseros y los disfraza, personaliza los platillos y, en el postre, con letras de chocolate sobre el plato le pregunta: “¿Quieres ser mi novia?”. Y ella dice: “NO”. No seas menso, asegúrate primero. Puedes acabar en la *friendzone*.

Nota: no se te ocurra preparar algo que manche la ropa o deje masilla entre los dientes por si después se pone buena la noche.

AHORA SÍ:

LAS CURSINDEJADAS NO ACEPTADAS (UNAS CUÁNTAS)

1 LLENAR EL CARRO CON POST-ITS

(hombres y mujeres) No. Neta no. ¿Cómo empiezo a decir que está mal de a madres? No sólo es trilladísimo, usadísimo, aburridísimo. Desperdician papel, tiempo, la otra persona pasa un ridículo enorme, contaminan (porque ahí tienes a la persona dejando la estela de papelitos de colores con frases ñoñas por todo el pueblo o ciudad). De verdad, métele un poquito de creatividad para decirle a la persona que te gusta.

Nota: no lo hagas.

2 ESCRIBIR UNA CANCIÓN

(si eres músico se vale porque seguro lo haces medianamente bien) "A ver, pinchi Werevertumorro, ¿por qué no puedo expresar mi sentir con una canción?", pensarás. Puedes, pero el problema es que eso, a menos que lo cantes a capela y sin cámaras, se va a quedar grabado para la posteridad. Una vez me dijeron: habla de lo que sabes (ya sabes, soy un galán y por eso este libro). La cosa es que si no hablas (o haces) de eso que sabes, corres el riesgo de quedar mal parado.

Nota: no lo hagas a menos que sepas escribir canciones.

SERENATA VIRTUAL

(si eres músico se vale porque seguro lo haces medianamente bien) Todavía peor. Imagínate cantando desafinado, con expresiones de chivo apretado y que te estén grabando. Dejemos la música a los músicos.

Nota: no lo hagas.

4 ESCRIBIR UN POEMA

(sólo si eres buen poeta) Aquí ni me entretengo en explicarte ya nada porque nomás es dar lástima.

Nota: no lo hagas.

Creo que bajo ningún motivo debes hacerlo. No sólo es de mal gusto (si lo has hecho, te dije que te iba a quedar el saco en más de una ocasión) sino que además, como las cursindejadas lo dicen, vas a afectar a terceros. Difícilmente dejarás bien parada a la otra persona en la escuela o en la oficina. En ningún país es lindo hacer el ridículo con una bandera de TE AMO.

Nota: no lo hagas a menos que la otra persona tenga mucho, MUCHÍSIMO sentido del humor... y del amor.

6 EL TATUAJE

Ay, el tatuaje. Si de por sí ya es una babosada cuando eres pareja de alguien, mucho peor si sólo sales con la persona. Dirás que no pasa, que no conoces a alguien que lo haga, pero déjame decirte que sí, que muchas personas suelen hacer estas estupideces en nombre del amor. Si lo haces procura que únicamente sea la inicial por si un día cortan, y tenías una "E" de Érika, le puedes poner ÉXITO y ya andas por la vida diciendo que es un tatuaje que te representa.

Nota: no lo hagas.

COMPRAR UN PERRO JUNTOS

Gente, gente, gente. Es cierto que esto podrías hacerlo y es lo más probable que así sea, cuando ya seas la novia o novio de alguien, pero existe quien lo hace antes de ser pareja o cuando creen que se van a casar. Neta, si no hay papel de por medio, si no hay una firma en donde los haya casado la ley, no hagan estas cosas. Y ni quiero empezar con los mensos que le dicen: "mi'jito, es nuestro bebé…". No, los humanos no procrean perros. Que ya después los humanos se hagan perros o perras es diferente. Ahora, dirás que exagero, pero sí es un problemón; si no, hagamos caso de lo que dicen dos de nuestros más grandes poetas urbanos: Jesse y Joy: ♪ Si tú te vas y yo me voy, esto ya es en serio. Si tú te vas y yo me voy, ¿con quién se queda el perro? ♪ Sí, ¿quién quiere a un perro con la cara de la persona con quien tronaste? O imagínate si llegaste a querer mucho al perro y los dos lo quieren… ardió Troya.

Nota: no lo hagas.

FOTO CON LA FAMILIA

¿Qué sientes cuando ves la foto de boda, de la familia, de una persona, en la que al hermano o hermana cursi se le ocurrió insistir para que saliera la aventurita del momento o el novio o novia reciente? Claro, sobre todo cuando son adolescentes y cada haragán con el que se besan va a ser su pareja de por vida (véase el capítulo "¿No que ya te ibas a casar?"). Entonces ese lindo y tarado acto de amor se convierte en una molestia. Procura tomar dos fotos, una con esa persona y otra sin la persona, por si las dudas. O ponla hasta la derecha o izquierda para poder cortarla después.

Nota: recuerda que un elemento claro de las cursindejadas es que se quedan con el tiempo, no se las lleva el viento, como dicen por ahí.

9 ESPERAR DURANTE AÑOS

No te estoy diciendo que el amor es lo peor o que seas frío o seco con tus parejas pero hay momentos en las relaciones en que uno se va a vivir a otro lado, por lo general por estudios o trabajo, y se juran esperarse aunque el otro esté estudiando para ser médico y vaya a tardar seis años en regresar. A ver, no es por malvibroso pero una relación de lejos es bien complicada (si es por unos pocos meses pues se vale, pero si no hay una fecha determinada del reencuentro están destinados a sufrir muchas cosas feas por culpa de la distancia… y deja lo que siempre dicen de las infidelidades –"te va a gustar otro, ya no le vas a importar"–… lo peor es extrañar a esa persona y sentir horrible por no poder abrazarla o besarla).

Nota: amor de lejos, amor de cursindejos.

10 ATRAVESAR EL OCÉANO

(para los que pueden) También me refiero a cualquier viaje largo, costoso y que atente contra planes de vida para luego resultar en un cohete mojado. Vuelvo a eso de que cualquier acto de valentía o supuesto romance malogrado se convierte en cursindejada y deja de ser eso, un acto de valentía o romántico. Si tienes un plan de vida bien definido, algo importante que conseguir, el libro de las sanas decisiones de Werever (éste no lo he escrito) dice que debes pensar en ti, porque parejas van y vienen, pero tú siempre te quedarás contigo. Hazte caso, piensa en ti y evita las pendejadas (perdón por mi francés).

Nota: fin.

Núm. 12

¿QUÉ TE HA DADO ESA MUJER, QUERIDO AMIGO?

Dicen que en la vida hay que estar en constante evolución, pero ¿qué sucede cuando uno pasa de ser una bestia a… bueno, la misma bestia pero tranquila? Y es que, por ejemplo, los chimpancés y los seres humanos comparten 99% de su material genético, por lo que a pesar de tanta distancia mental entre ambas especies, no somos tan diferentes.

LA EVOLUCIÓN

El amor es un arma muy poderosa; es un químico que va castrando a su víctima, muchas veces sin que ésta se dé cuenta. Este proceso da como resultado un ser que se cree el macho alfa pero que ha ido perdiendo los dientes (y otras partes del cuerpo, más abajito). Un caso agudo es el del güey que antes eructaba el abecedario al revés en la cara de sus amigos, y que ahora presume de vinos, quesos y obras de arte.

En fin, cualquiera que esté en una relación puede ser víctima del "mandilonismo", que es como un parásito contagiado por las vías amorosas y cuya máxima expresión llega cuando el mandilón se acepta orgullosamente como tal: "Sí, amigos, soy un mandilón, y a mucha honra. ¡Háganle como quieran!". (Se cuelga su mandil con la frase "Soy mandilón y qué", que le regaló su novia.)

Si llegaste a ese nivel es que ya estás, de plano, en el Síndrome de Estocolmo, ese famoso trastorno psicológico en el que un secuestrado se enamora de su secuestrador (el síndrome es el colmo cuando tú solito te pusiste la mordaza y el antifaz).

Y ESO QUE LAS FASES INTERMEDIAS DE ESTE CONTAGIO IMPLICAN SÍNTOMAS YA DE POR SÍ PREOCUPANTES:

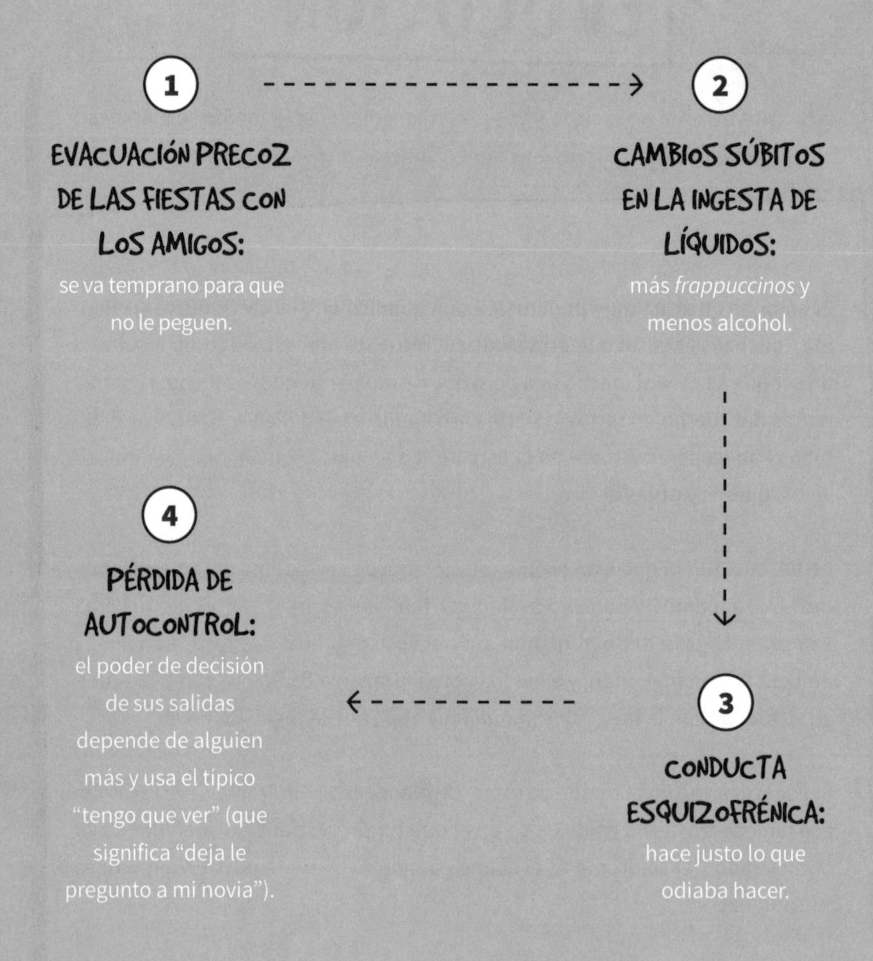

UNA FORMA DE ESCLAVITUD

La clásica escena del esclavo o preso con un grillete en el tobillo se manifiesta en el mandilón, pero con una mano en su entrepierna; o sea: lo traen de los huevos.

Como bien saben los hombres, hasta un ligero roce ahí causa uno de los peores dolores conocidos por la humanidad. ¿Qué te queda cuando tu novia los tiene agarrados (con garras) y no precisamente para fines amorosos?

Puesto que más vale obedecerla al tronido de sus dedos que al tronido de tus hue…, la respuesta, mi amigo, es la resignación. Así, pues, dado que estás en la fase terminal del mandilonismo, te prestarás sin chistar a jaladas como éstas:

LOS ROLES DEL ESCLAVO POR MANDIL

EL NIÑO CASTIGADO: no sólo tendrás que pedir autorización firmada por escrito antes de salir con tus amigos; deberás hacerlo con semanas de anticipación y con méritos y demás labores de convencimiento previo.

EL MÁRTIR SOCIALITÉ: acudirás a los lugares en los que menos quieres estar, con las personas que menos te agradan; así, tus castigos serán comer con tus suegros necesitados de nietos, y bailar cumbia en compañía de las amigas chismorrientas de tu novia (pero no les sonrías a las amigas porque se arma un problemón).

EL ESPEJO AMATEUR: además de tener que acompañar a tu novia a las tiendas, no encontrarás descanso; no te dejará sentarte a jugar con el celular porque pensará que estás hablando con alguien (y además te exigirá que le digas si se ve gorda o no con absolutamente toda la ropa que se pruebe… tú sabes que en ese juego no hay ganadores).

EL TAXISTA SIN PAGA: ¿cuántos aventones por litro rinde la gasolina en tu coche? Porque necesitarás muchos cuando te traiga de lado a lado; y ni hablemos de los regaños que te merecerás en el trayecto por tu mal servicio.

EL RICO MUERTO DE HAMBRE: tu novia no sólo será la dueña de tus quincenas, de tus semanas, de tus horas y de tus minutos. Conocerás lo que es tener dos jefes: uno que te manda y te paga; y otra que hace lo mismo pero te cobra.

EN BUSCA DEL ESLABÓN PERDIDO

Ya te diste cuenta de que la pérdida de tu libertad no es un buen precio a pagar, sobre todo si es por una calentura pasajera o por un noviazgo que se puede acabar mañana.

¿Qué hacer entonces? Encontrar el momento en que dejas de ser tú y tratar de interrumpir ese proceso antes de que sea demasiado tarde; porque, aceptémoslo, aunque goces los beneficios que implica una relación así, el minion baboso en el que te convertiste no es como debe ser el ideal de hombre que tu novia (y el resto de las mujeres) tiene en mente. Es muy probable que sólo pase el rato contigo y luego busque a otros que tengan el temple de llevarse de tú a tú (y no de sirviente a reina).

ASÍ QUE YO, QUE SOY EL MACHO MÁS DOMINANTE (Y, A LA VEZ, EL QUE MÁS DIGNAMENTE PORTA SU MANDIL), TE DARÉ UNOS TIPS PARA DETENER ESTA MASACRE:

1

Marca un hasta aquí, o por lo menos un hasta allá, ¡pero haz algo! Traza una línea entre tu vida y la que tu novia ya planificó detalladamente para ti. Está en ti escapar de este terrible destino, y de ti depende quitar sus garras de Wolverine de tu pobre espalda.

2

Pregúntate: "¿qué carajos estoy haciendo con mi vida?". Si me vienes con que realizas tu actividad "mandilonesca" por gusto, considera que quizá, sólo quizá, tengas un problema de adicción (una adicción muy masoquista, por cierto) o que eres víctima de eso llamado dependencia destructiva. Aunque recurras a un grupo de "Hombres Agachones Anónimos", procura tomar conciencia de tus tiempos y atender otros aspectos de tu vida.

3

Cambia. Aunque aún no exista una app que prevenga este trastorno, puedes apoyarte en otras para enderezar el rumbo. Programa salidas con tus amigos y familiares; lleva registro de tu presupuesto para no gastar de más en caprichos; ponte un cronómetro con alarma para que suene luego de ocho horas seguidas con ella y te des a la fuga.

Ayúdala a descubrir un *hobby*. Si la razón por la que tu chava no te deja en paz es porque torturarte es su única manera de pasar el tiempo, necesitas situarla en entornos que la ayuden a encontrar alternativas más productivas. Llévala a hacer actividades distintas o incítala a que salga con sus amigas hasta que pique alguno de los anzuelos y pueda darte un respiro.

Amar o estar enamorado está perfecto... hacer cosas por la otra persona y sacrificar algunos hábitos tampoco está mal... PERO llega un momento en el que tienes que hacer un autoexamen y saber si estás dispuesto a vivir así durante toda tu vida. Habrá un punto en que explotará y será muy feo, así que lo mejor es saber si quieres eso o no... Continuar o poner un alto.

Porque, créeme, yo he estado ahí y... espérame, me está gritando alguien... pero conste que no es mi novia, eh... ¿Sabes qué? Olvida todo lo que te dije, bye.

Núm. 13

OOOOOOOLE, AGARRAR AL INFIEL POR LOS CUERNOS

Como dice el gran filósofo (el tío Ben de *Spider-Man*): "Todo gran poder conlleva una gran responsabilidad". Para fines de este libro, la frase iría así: "Todo gran ligue romántico conlleva una gran fidelidad" (al menos con los latinos, que somos bien dados a darnos golpes de pecho).

A pesar de que pueda sonarte como una moralina chafa, lo cierto es que a nadie le gusta que le pongan el cuerno. Si consideras la máxima de "no seas culero tal como quieres que nadie sea culero contigo", tampoco deberías justificarte cuando tú los pones.

¡Ah!, porque somos bien dados a hacernos el *cocowash* de que lo que nosotros hacemos está bien, y lo que hacen los demás está mal, o de que somos tan especiales que tenemos licencia para hacer lo que se nos dé la chingada gana: "Yo sí puedo porque me hizo esto o me hizo lo otro"... Típica doble moral:

—Oye, güey, y si le pides a tu vieja que le baje de pedo con sus amigos, ¿por qué tú sí vas a acostarte con la primera que te encuentras? —No, amigo, no te confundas. ¡Esto es diferente! O sea, yo amo un chingo a mi novia, pero, o sea, ¡tengo mis necesidades! ¡Además, creo que ella me es infiel! O no sé...

Así es que en este capítulo exploraremos los porqués y los cómos de la puesta de cuernos. Conste, se trata de pescar al otro por los cuernos, pero que pesques también los tuyos antes de ponerlos, no hay que ser $·%·$&·&.

¿POR QUÉ TANTO ARGÜENDE?

Bien podrías preguntarte por qué nos parece tan horrible la infidelidad. En las palabras está la respuesta. ¿Te has fijado cómo decimos "conquista" no sólo para el acto de hacerse de otras tierras, sino también para designar a aquel pelafustán (o suripanta) que, como tú o como yo, decide cortejar y llegarle a alguien más?

Ojo: hablo exclusivamente de cuando tu ligue es con el fin de cultivar una relación romántica (porque si se trata sólo de chupetones en el cuello como quinceañero y por mutuo acuerdo, entonces no hay problema; después de todo, ambos seguirán siendo territorios soberanos, es decir, no se habrán clavado la banderita de la conquista).

Como en una relación romántica lo que conquistas de la otra persona son sus sentimientos, lo que era terreno de uno se vuelve ahora de dos. Y por eso la cosa se puede poner difícil, porque el amor es como ir en el *Titánic:* cuando se hunde a uno le toca ser el capitán que se queda en la cabina, a otro le toca ser Rose... y a otro le toca ser Di Caprio, haciendo un solo intento por subirse en la puerta de madera en la que todos sabíamos que cabían perfectamente los dos (¡pinche Rose!).

Así que, después de la conquista de sus sentimientos, el deber es atenderlos y respetarlos. Eso que siente el uno por el otro es el origen de que ese apego se vea como algo especial, por más pinche cursi que suene. Cuando algo como la infidelidad amenaza esa vida en común, vienen los celos (y todo el desastre que ya conocemos).

Ahora, si de plano te da una hueva monumental ser responsable de alguien más, pues te recomiendo que te alejes y no le hagas perder el tiempo a esa persona que tal vez sí quiere algo serio. Mejor quédate en tu casa dándole like a las personas que te gustan en Instagram y esperando que suceda algo.

Si le darás pa' delante con todo esto, entonces éntrale a los trancazos que esto implica: no poner los cuernos y evitar que te los pongan (o de perdido enterarte cuando lo hacen y no quedar como el idiota de la película).

CADA LOCO CON SUS CUERNOS

CUERNOS DE HOMBRE. El macho de la especie humana lleva en su naturaleza la competencia: le encanta mentar madres al jugar FIFA, agarrarse a madrazos en el antro y comparar su pilín en el baño del gimnasio. Además, como su papel está más asociado con esparcir su semilla para que sus cachorros sean los pobladores del mañana, resiente cuando otros machos se entrometen en sus conquistas. Por eso mismo, el hombre se arde más cuando otro mete su… cuchara en… donde no debe: es decir, explota cuando otro le pone con su novia. En pocas palabras: le molesta más la infidelidad porque lo que creía sólo suyo, ya fue de alguien más (o "alguienes").

CUERNOS DE MUJER. La *homo sapiens* hembra se caracteriza más por su espíritu de protectora, y suele poner los sentimientos por delante. Claro, eso no significa que no le encanta la competencia con las otras; basta con ver cómo envidian y destruyen a otras mujeres según su atuendo. El asunto es que, al privilegiar más la intimidad de compartir una vida con su pareja, les duele más cuando la infidelidad es síntoma de que su güey ya conectó con otra a niveles mucho más profundos de lo que puede llegar su instrumento de trabajo. Es decir, el trancazo le pega más duro cuando el cuerno viene por el corazón y no por la carne.

¿QUÉ TANTO ES TANTITO?

Todos seguimos siendo unos depravados por más que nos emparejemos, es la realidad. A pesar de dejar la soltería, continuamos *stalkeando* gente en Facebook. Y tampoco es que sea pecado: tener una pareja no debería ser una condena a la esclavitud. Bueno, aunque lo sea hasta cierto punto, en una relación sana supuestamente tienes la plena libertad (y sobre todo la hormona) de que te sigan gustando otras personas. Desactivar la naturaleza humana no es como apagar un switch.

¿Pero dónde trazar la línea entre el morbo y el cuerno? Aunque no haya una regla fija, la respuesta suele estar en el terreno de las acciones. Como dijo Sócrates: "Una cosa es ver el menú y otra que te lo comas" (Sócrates era un vecino de mi niñez).

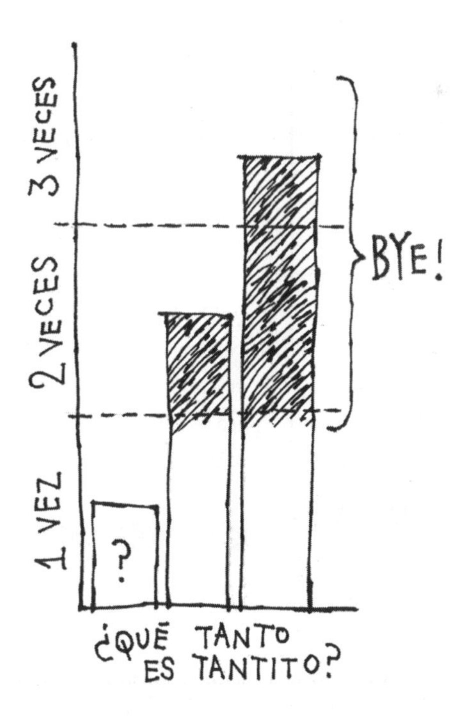

Hay que ser serios, como quiera: hay infidelidades que son más sutiles que otras, y en ocasiones no nos decidimos sobre qué entendemos por esa palabra exactamente. **A continuación haré un intento de resolver este dilema que ha aquejado a la humanidad por los siglos de los siglos:**

ACTO	¿ES O NO ES INFIDELIDAD?
Coquetear en la escuela o la oficina	Depende. Si lo haces como una broma inocente o de plano sólo estás joteando con tus amigos, no hay problema. Si lo haces constantemente y le dedicas mucha atención, lo más probable es que sí sea algo de verdad. Si es alguien que te puede gustar, entonces A-LÉ-JA-TE.
***Flashear* los calzones en el whatsapp**	Sí. Enseñar o casi enseñar tus partes no entra en el concepto de amistad, a menos de que sea con derechos.
Fantasear con alguien más	Depende. Nadie está en completo control de su mente, así que es entendible que circulen pensamientos "pecaminosos" por la tuya. Si en cambio te gusta revolcarte en el lodo de esa fantasía y disfrutarlo como puerco, eso ya es otro cuento.

ACTO	¿ES O NO ES INFIDELIDAD?
Sueños húmedos	No. Como dice el punto anterior, no eres dueño total de tu cabeza, así que por lo general resulta inofensiva una que otra aventurilla en sueño profundo. Sólo cuídate de no hablar dormido y que tu pareja escuche.
Enviar mensajes "sucios" en el chat	Sí. El sexo cibernético es lo mismo que el real, aunque más aburrido... y ñoño... y raro... pero sigue siendo sexo, ¿no? Bueno, más o menos. En fin, entiendes la idea.
Mantener amistades del sexo opuesto	No. Y si alguien te la hace de tos por eso, pues de una vez que te encierre con llave y te quite el Wi-Fi. Que te prohíban relaciones con otras personas sería pensar que todos quieren contigo.

¿VÍCTIMA O VICTIMARIO?

Si a tu novia le ves madera de barco al que todos se trepan o a tu novio le ves vocación de Casanova en desgracia, lo primero que debes hacer es preguntarte si tus impresiones son sólo síntomas de tu locura o si hay evidencia en el mundo real que las sustente.

Si eres de los que reglamentan los centímetros de la minifalda de tu novia o de las que llaman al novio para que te diga dónde está y que te mande foto como prueba, entonces probablemente el problema seas tú.

Cuando tus celos dominan sobre los hechos, entonces lo único que estás haciendo es perseguir tu propia sombra.

Para remediar una situación así no necesitas más que quitarte la idiotez: date cuenta de que lo único que tiene que cambiar aquí es tu mentalidad del siglo XVII.

HAY

NIVELES

Sin embargo, no necesariamente es una falsa alarma. Ahora bien, para seguir con los términos científicos que me acabo de inventar, cabe aclarar que hay niveles de "Cuernosífilis". En el argot de la medicina, con ciertas enfermedades se hace la distinción entre los cuadros agudos y los crónicos; esto es muy importante para indagar las causas detrás de los síntomas.

ENTONCES, EL PRIMER PASO PARA ACERTAR EN EL DIAGNÓSTICO Y EN EL TRATAMIENTO SUBSIGUIENTE ES DISTINGUIR CUÁL SE ASEMEJA MÁS A TU CASO:

CUADRO AGUDO

El cuerno se produce por efectos de una calentura momentánea. A la sombra de la noche y al paso de unas copas, la carne puede debilitarse y ceder a las tentaciones del momento. Puede ser desde un simple besuqueo hasta un acostón de una sola noche. Y aunque haya arrepentimiento al día siguiente, es una realidad que aquí el corneador no pudo aguantar las carnes y prefirió seguir sus impulsos animales más que los racionales. Ésta es una completa tontería que puede arruinar una relación de años por unos minutitititos de besos o segundos en la cama.

CUADRO CRÓNICO

Sucede cuando el acto se repite una y otra y otra y otra vez. Generalmente va más allá de lo sexual, y conlleva elementos de intimidad más profunda. Esto significa que al (la) infiel ya le vale la otra persona (o tal vez tiene una gran atracción sentimental por su amante).

Generalmente, aunque el primer caso cale por la idea de ver convertida a la persona que tanto amas en una bestia deschongada y valemadrista, el segundo suele ser más doloroso por la pura razón de que te están viendo la cara de pendejo repetidamente (y que todos lo saben menos tú). Pero, antes de ver el curso de acción que tomarás como cornudo, revisemos las señales que te lo pueden indicar con mayor precisión.

LOS SÍNTOMAS

LUEGO DE CONOCER LA NATURALEZA DEL CASO, HAY QUE ASEGURARNOS DE QUE REALMENTE EXISTA. ECHA UN OJO A LA SIGUIENTE LISTA DE POSIBLES SÍNTOMAS:

1

Eres el apestado y dejaste de ser su primera opción. En cada salida con tu pareja te sientes como aquél a quien escogen hasta el último en los equipos de fut de la cuadra.

2

Ya no te derraman miel de la misma forma: abandonó los detalles que antes hasta odiabas por empalagosos y ahora extrañas por ausentes.

3

Hay un cambio en los patrones de salida con sus "amistades". Se esmera más en perfumarse, sale cada que puede y llega a otras horas.

4

Idolatra a alguien. Más allá de un *crush* normal con alguna celebridad, parlotea mucho sobre la calidad de cierta persona, y no deja de escribirle en su muro del Face.

5

Lleva su teléfono a todos lados como un padre sobreprotector con su Tamagotchi, casi que está desarrollando una bolsa de canguro en sus carnes para llevar su teléfono hasta cuando se mete a bañar.

6

Los pescaste *in fraganti*: Ahí pues, ¿qué te digo? Sólo no hagas algo por lo que te pueda detener la policía y aléjate de todo eso.

¿SUFRES ALGUNO DE LOS ANTERIORES? Aunque creas que sí, recuerda que esto no es ciencia exacta. A menos de que sí los hayas pescado en la movida, primero confirma por completo tu diagnóstico. Nunca adelantes conclusiones, mi querido saltamontes.

¿PERDÓN O CORTÓN?

Respira hondo antes de ir a reventarle las narices a tu pareja y a su "amiguito(a)". Si ya viste que son unos hijos de "·$", no te rebajes al nivel de hacer algo que te deje ver peor que tu enemigo(a).

Tampoco te sientas como la peor escoria. Si bien es natural andar repartiendo culpas por la vida, piensa fríamente en cuáles fueron las causas de este desenlace. Aunque sea posible que desatendiste el negocio, esto no es excusa para una infidelidad (si es que se habían dado derechos de exclusividad).

En todo caso, lo feo aquí es que no te haya avisado antes para corregir el rumbo o simplemente no te notificó su deseo de cambiar de aires. Ya sabes, el cuento de la falta de comunicación aparece de nuevo, porque aquí no aplica la de "más vale pedir perdón que pedir permiso".

En fin, la ley de las relaciones dicta que la víctima se convierte en automático en el dueño del destino. Si tú sufriste el golpe bajo, te corresponde meditar si lo mejor es mandar todo a la goma u otorgar el perdón y darle *continue*, como en los videojuegos. Si perdonas, perdona de verdad y no le hagas la vida de cuadritos como venganza de lo que pasó.

Aquí no hay respuestas correctas o equivocadas, pero sí decisiones que determinarán lo feliz o miserable que serás en adelante. Yo no soy ninguna autoridad para decirte qué hacer (pero te aguantas, es mi libro y hago lo que quiera en él). **AQUÍ TE DEJO UNAS CUANTAS PISTAS PARA APOYAR TU DECISIÓN:**

1

TU BIEN POR DELANTE.
Lo digo exclusivamente por aquellos que se quedan en relaciones "por los niños" o "por el qué dirán". ¿En serio vivirás para dar buena imagen sin ser feliz?

2

CUENTAS CLARAS.
No te tragues el orgullo o el dolor sólo porque crees que tu papel es el de ser fuerte. Evita fingir que nada pasó, porque la presión escapará por un lado en algún momento. No querrás convertirte en orquestador(a) de asesinatos pasionales.

3

SI DECIDES CONTINUAR,
no andes de ardilla cizañosa todo el tiempo. Seguir con la relación significa tratar de reconstruir la armonía en pareja, no para andar echando en cara las cagazones una y otra vez. No es un acto de venganza disfrazado de noviazgo.

4

TRATA DE RECONSTRUIR LA CONFIANZA.

Sabemos que, después de un trauma como ése, difícilmente la relación podrá volver a su estado de jijiji y jajaja, pero, si vas a darle cuerda, entonces tu deber es intentarlo, aunque sea necesario tener un *threesome* psicológico con el loquero para lograrlo.

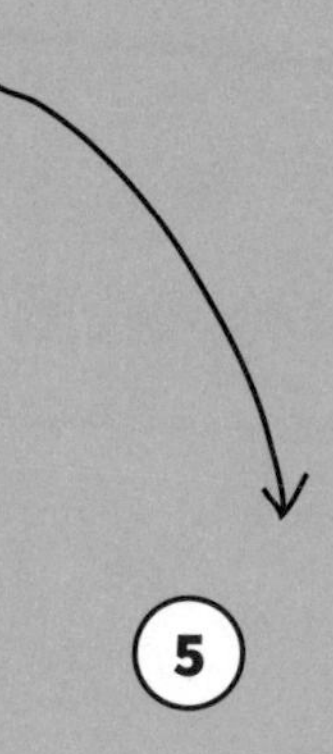

5

DOS *STRIKES* SON *OUT*.

A diferencia del beisbol, aquí no hay tres oportunidades en la caja de bateo. Si ya cachaste una infidelidad y te la vuelven a armar, ni te la pienses. Ten mucha dignidad y respétate para seguir con tu vida sin esa persona.

LO ÚLTIMO QUE DIRÉ AL RESPECTO ES, DE HECHO, LO MÁS IMPORTANTE: SER NOVIOS ES SER PARA EL OTRO Y NO PARA LOS DEMÁS.

Núm. 14

¿NO QUE YA TE IBAS A CASAR?

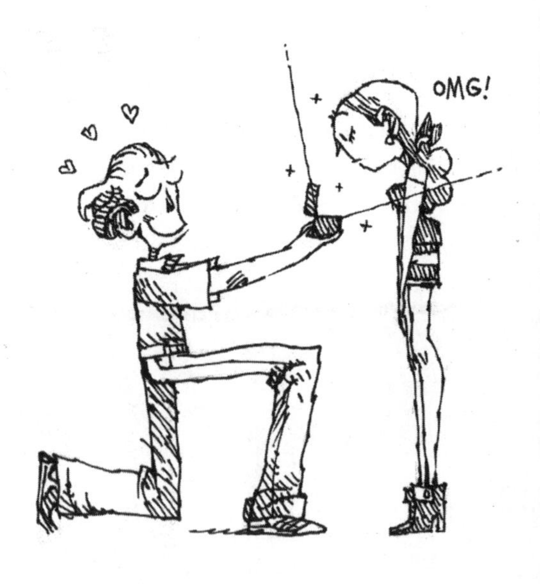

Sí, todos tenemos esos amigos y amigas que están encuerados por su pareja y dicen que con ésa o con ése se casan, que es el bueno, que SÚPER SÍ, el elegido, *the ONE*, el jodido Neo de la Matrix envuelto pa' regalo. Julieta. Romeo. El padre de mis hijos. La dueña de mis quincenas y de mi YouTube.

Y luego, cuando menos lo esperas, tras haberte fumado los planes de boda, los nombres de los hijos, del perro, escuchar las ventajas de las escuelas en las que podrían inscribir al niño (nonato), el amigo o amiga llega a tu casa con la cara bañada en lágrimas, voz entrecortada, mocos en el bigote y te dice: "Terminamos". Y tú le dices:

¿NETA?

¡¿NO QUE YA TE IBAS A CASAR?!

¿POR QUÉ SUCEDE?

SEGÚN MI ANÁLISIS Y TRABAJO DE CAMPO,
a todos nos pega la influencia de la tele, las canciones (desde la Britney hasta Juanga) y lo que dice la demás gente. Por ejemplo:

1

DEBES CONOCER A ALGUIEN QUE PUEDE NO GUSTARTE AL PRINCIPIO (un torpe de buen corazón, una mujer muy fresa para ti, una maldita que no te pela, un patán al principio pero con un secreto que lo va a ablandar a tus ojos).

2

Vas a insistir o te van a insistir **HASTA CEDER.**

SE DOBLAN LAS MANOS con una serie de citas mágicas, con muchas risas y buena ondez (OJO, busca el capítulo "La primera cita", donde defino qué es eso de tener una cita) hasta que aflojas el cuerpo.

UNA VEZ DOBLADAS LAS MANOS los dos van a pasarla de maravilla, la típica etapa de la luna de miel.

LA LUNA DE MIEL SE VA TORNANDO ECLIPSE y se oscurece el panorama porque se dan cuenta de que nomás no son compatibles, en el mejor de los casos, y, en el peor, uno de los dos resulta un desgraciado y por eso termina.

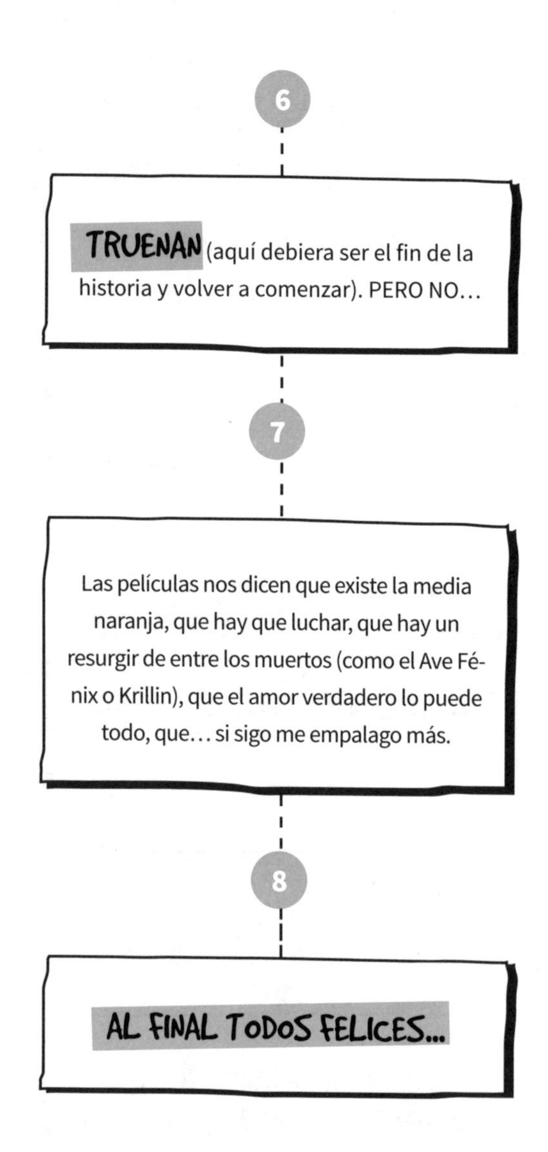

BAJO ESTA PREMISA, cualquier persona que conozcas, casi cualquiera, nomás con que te guste un poco se convierte en una potencial historia de amor (y luego luego te ves la película completa de que ya te vas a casar, que es el bueno, el elegido, *the ONE*, el jodido... bueno, ya sabes).

Pero hazme caso, no seas así. No seas esa persona. La vida no es *Crepúsculo*. Tampoco *Friends*.

¿CÓMO HACERLE PARA NO HACERTE ILUSIONES (FALSAS)?

Debes entender que no toda cita desemboca en una posible historia de amor. No todo hombre es el amigo este de *Diarios de una pasión*, ni toda vieja es... pues la chava que actúa en la misma película, para seguir con la comparación. No queramos hacer de cada cita una película palomera. Por favor. No busques a tu vampirito adolescente en cada pelafustán que te sonría ni en cada EMO (creo que lo es) dispuesto a ser parte del sándwich de lobos y vampiros.

Déjame te digo cómo elegir bien a la persona, para que al menos si truenas sea luego de un buen tiempo, que la relación haya dado frutos, algunos momentos felices, y no vayas y te embarres con cualquier persona, te creas el Romeo de la avenida Insurgentes (suponiendo que en todas las ciudades existe una calle que se llama así) o una Julieta región 4.

Voy a suponer que ya seguiste mis consejos para otras cosas, que ya tuviste la primera cita y fuiste a los lugares adecuados. Ahora, no eres una *hermanacarmelitadescalzadelacaridadhijadelverboencarnado* y vas a salir más veces con una persona nomás porque "uno nunca sabe". UNO SIEMPRE SABE. Si es que puede observar claro... y si tiene dos dedos de frente.

¿CÓMO SABER?

VOY A REPASAR VARIOS PUNTOS PARA QUE SEPAS SI AL MENOS DEBES SEGUIR Y NO EMPIECES A CANTARLES A TUS AMIGOS QUE TE VAS A CASAR CON EL PRIMER BARBAJÁN QUE SE DIGNÓ A PAGARTE UNOS TACOS.

OJO: esto funciona si lo que buscas es una relación en serio, no un acostón o una aventura cochinota; para eso puedes ir al capítulo "Amigos con derechos".

Para ilustrar mi punto voy a usar el ejemplo que me dio mi abuelo, que le dio su abuelo y así hasta tiempos inmemoriales. Puede que sea puro cuento, pero cuando uno dice "así decía mi abuelo", de pronto todo agarra más credibilidad (es como un "lo vi en Discovery").

TE PRESENTO LA MESA "DE LAS BUENAS DECISIONES" DEL ABUELO:

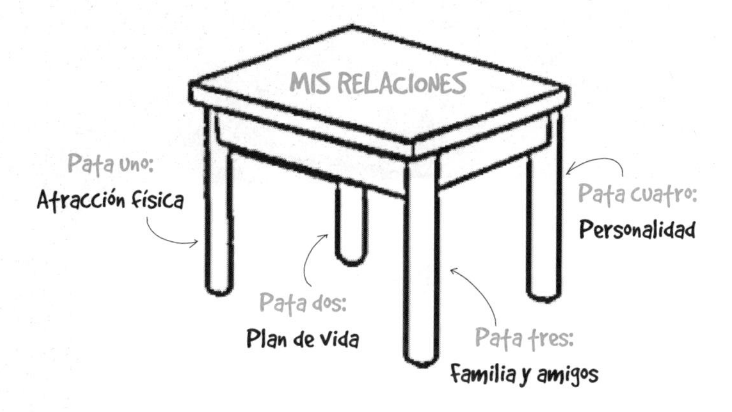

Piensa que la tabla de la mesa es la relación en la que estás. Cada una de las cuatro patas va a sostenerla. Es cierto que la mesa podría sostenerse con tres, pero si te apoyas en la esquina sin pata, se precipita el golpe del hocico contra el piso. Si le quitas dos, pues ya no aguanta mucho peso. Con una, pues ni hablemos. Entonces, antes de decidir si la persona que conociste es el bueno, el elegido, *the ONE,* el jodido Neo de la Matrix envuelto… hay que saber si la bendita mesa trae las cuatro patas bien puestas y niveladas.

PATA UNO:

Atracción física. Ésta es bastante obvia, ¿no? Lo primero que debes tener claro es que la otra persona de verdad, de verdad te gusta. Ahora, no digo que busques a un(a) modelo, porque tampoco se trata de eso. Ni tú lo eres ni el(la) otro(a) lo será. Entonces, por lo menos debes saber lo que te gusta. Olvídate de todas esas patrañas de que "lo que importa es lo de adentro". O sea, sí importa el páncreas, el hígado, el pulmón… claro que sí, pero también que te guste físicamente.

PATA DOS:

Plan de vida. Quedamos en que esto era para pensar una relación medianamente seria. ¿Qué pasa si tienes quince años y no sabes qué carajos vas a hacer con tu vida? No importa, ¿qué vas a hacer en prepa? ¿En la carrera? ¿Te vas a ir a estudiar a otro lado? ¿Tus padres se mudan mucho de casa? ¿Quieres irte a vagar por todo México o el mundo el año que viene? ¿Te quieres casar? ¿Quieres tener hijos? Si de entrada sabes que no quieren lo mismo, no seas así, ni te la avientes ni le pegues a la inocentada de pensar que al rato cambia o lo cambian. NO. Piénsale tantito.

PATA TRES:

Familia y amigos. ♪Amor prohibido murmuran por las calles, porque somos de distintas sociedaaadees♪ Pues algo así, aunque suene medio extraño. Y además, no se trata de clases sociales, nomás que la canción suena como para esto. Aquí ya va de ideologías, de amigos, de la familia, de formas de pensar y juzgar. Neta, ¿para qué meterse en esas broncas? Digamos que la otra persona tiene cierto tipo de amigos con los que nomás no encajas. No es que no vayas a emparejarte nomás por eso, pero recuerda que por algo son sus amigos y no podemos negar la cuna. Igual pasa con la familia. Si el papá y los hermanos son de lo peor, porque pueden serlo (también tengo algo sobre esto en los capítulos "La suegriza" y "¡Ay, mi cuñadito!"), pues no vale la pena andársela pelando porque la verdad, siempre de los siempres, ganan. Y si no ganan, se arma un escándalo. Así que tenlo presente: ellos pesan mil veces más que tú.

PATA CUATRO:

Personalidad. Aquí, además de los rasgos personales, hablo de lo que eso acarrea. A ver, la forma de ser de una persona va a hacer que tome y haya tomado decisiones en su vida que a lo mejor no van contigo. O ¿qué tal si es alguien que le encanta el pedo (alcohol) y se la pasan despiertos de madrugada? Quiero pensar que tú que me lees eres responsable y no te prestas a eso. ¿O qué tal si el chavo es un deportista que se la pasa al aire libre y tú una chava que no entiendes ni quieres entender de deportes y te la pasas sentada viendo series en Netflix? Ya sé que ahora mismo saltarás del sillón de la biblioteca en la que estás leyendo esto para decir: "¡Pinche Werever, tú qué sabes, mi novio es bien darks y yo soy una hípster!". Bueno, claro, excepciones hay en todos lados. Además, a veces son sólo gustos, pero no cosas que marcan la personalidad.

OJO: no confundir gustos con personalidad.

OJO 2: no digo que seas idéntico a tu pareja, pero por lo menos que esas diferencias de personalidad sean tolerables. Si no estás completamente seguro #SobresBai.

Ahí están las cuatro patas de la mesa del abuelo. En resumen, quedémonos con una de las frases más usadas y clichés en la historia de todo para cuando estés enamoradote(a) y digas que con ésa o con ése te casas, que es el bueno, el elegido, *the ONE*, el jodido Neo de la Matrix envuelto pa' regalo. Julieta. Romeo. El padre de mis hijos. La dueña de mis quincenas... Recuerda: es muy pronto, no hay que cantar victoria todavía.

Núm. 15

AL FIN QUE NI QUERÍA

Si bien hay millones de canciones de amor donde todo es bonito, hay trillones de desamor donde todo es horrible; de esas que los cantantes entonan como si estuvieran llorando, con un nudo en la garganta y hasta el video de la canción es en blanco y negro para darle dramatismo.

Luego de un cortón, tu vida queda como película de Quentin Tarantino, digna de zona de guerra, y resulta más doloroso si le diste todo a esa persona sin esperar algo a cambio, algo como un poco de respeto a la relación, por ejemplo.

Pero, claro, también cabe la posibilidad de que tú hayas cometido una serie de errores bien o mal intencionados, esos que arrastras hasta que los descubre tu pareja y arde Troya.

De todas formas, como no es mi objetivo juzgarte (ya tienes suficiente contigo pensando en el mal que hiciste y que tendrás que vivir contigo mismo el resto de tu vida), voy a darte unos consejos para que salgas de ésta.

PASO 1:

LEVÁNTATE Y DEJA DE LLORIQUEAR

Ya te ahogaste suficiente en alcohol y en el *playlist* lastimero de Camila, "lo mejor de la trova en mp3" y José José, es tiempo de levantar la cabeza.

El primer paso es recuperar tu carácter de humano hecho y derecho, así que deja la posición fetal, levántate del sillón y límpiate los mocos secos. Entiendo que haya un periodo de semanas de duelo, pero no puedes estar lamentándote y dejar de disfrutar muchas cosas de la vida como tu familia, tus amigos, tu trabajo, mis videos de YouTube y demás cosas fundamentales.

Te diré algo: nadie irá a levantarte como tu mamá cuando te vestía entre las sábanas mientras seguías durmiéndote y te mandaba a la escuela. Si no quieres quedar en un estado emocional vegetativo, no tienes de otra más que obligarte, aunque sea difícil, a darle un giro a la situación.

PASO 2:

NO TE ARDAS

Y con ésta empezamos la horrible "fase de aceptación", la cual tiene que ver con aceptar la realidad en toda la extensión de la palabra, no sólo eligiendo lo que te conviene.

Si crees que la calidad de una persona es proporcional a su capacidad de amarte por sobre todas las cosas, estamos todos locos. Eso habla más de tus defectos que de los de tu ex.

Pensar así es padecer de lleno el síndrome del ardido, que consiste en una distorsión de la realidad en la que te esmerarás en destruir todo lo que habías construido, incluyéndote a ti mismo. Dirás, como buen patán@ que eres: "Al cabo que ni quería andar con esa jija"; o: "Bah, como quiera, mil veces mejor mis otros novios".

Si no puedes gobernarte, por lo menos hazte un favor y asegúrate de no sacar tu furia, ira y coraje en el Twitter y el Facebook. O lo que es mejor, hacerte el monje tibetano y evitar las redes sociales hasta para leer cosas que nada que ver con tu ex.

PASO 3:

DÉJALO CORRER

Tampoco es bonito eso de andar de *freak* posesivo con tu ex. Y es que las patadas de ahogado vienen en distintas presentaciones: fingir embarazos, *stalkear* desde el Facebook de algún amigo, poner cámaras ocultas en casas ajenas y demás. Todo con tal de retener a quien ya está dispuesto a superarte.

De nuevo, los berrinches hablan más de tu inseguridad que de otra cosa. Piénsalo así: habías vivido la mayoría de tus años tranquilamente sin esa persona, ¿y ahora resulta que tu miserable existencia depende de ella? Como que no checa, ¿no?

Por más que te carcoman por dentro los celos, no puedes andar pegado a tu ex como garrapata, succionándole la vida por el resto de tus días. Las personas no son propiedad privada, ni tú eres un niño como para andar haciendo berrinche cuando te quitan tus barbies. Dedícate a tus amigos, a tu trabajo, haz ejercicio, métete a estudiar algo... ten un poquito de inteligencia y deja de ponerle tanta atención a eso.

PASO 4:

DEJA DE AZOTARTE

Un rompimiento es el más grande amplificador de dramas. En esta etapa tus hobbies serán recontarte las historias del pasado, barajear los "hubiera" hasta encontrar la peor mano y clavarte culpas como cuchillos en el estómago. En otras palabras, masticarás pensamientos como si fuera lo único en tu vida.

Y como diría el filósofo Intocable: "¿Y todo para qué?". Para cumplir con la extraña manía que tenemos de ser nuestro peor enemigo. Si consideras que lo más seguro en tu vida es que la única persona con la que pasarás el resto de tus días eres tú mismo, ¡qué flojera estar dándote latigazos en la espalda!

PASO 5:

APRECIA LA BIG PICTURE

Ahí te va una historia:

A un viejo granjero se le escapó un día su caballo en el bosque. Al enterarse, sus vecinos lo visitaron y le dijeron: "Qué puta suerte, ¿no?". El anciano respondió: "Quizás". A la mañana siguiente, el caballo regresó junto con tres caballos salvajes. Así, sus vecinos se enteraron y exclamaron: "¡Increíble!", a lo que el otro dijo: "Quizás". Al paso de un día, su hijo trató de montar uno de esos equinos salvajes pero se cayó y se partió los meniscos, por lo que sus vecinos se acercaron de nuevo a ofrecer su compasivo "qué mal pedo". El viejo, tranquilo, les contestó: "Quizás". Al día siguiente, una comitiva de militares llegó a la aldea a reclutar jóvenes para la guerra y, al ver la pata rota del hijo, no dijeron ni pío y lo dejaron ahí. Los del vecindario se acercaron de nuevo a felicitar al granjero por este afortunado desenlace, y éste les repitió: "Quizá".

Cambia lo de los caballos y los hijos por cortones, ex novios y reencuentros, y ¿qué te queda? Que aquella distinción entre *epic fail* y *epic win* es una vil ilusión y que, si te sientes como una persona fracasada tras quedar en la soltería, de ti depende convertirlo en algo bueno o en algo malo.

PASO 6:

HAZ LAS PACES CON TODOS

Luego de toda esa ponzoña que repartiste como perro rabioso, te debes a ti y les debes a los demás un pequeño descanso.

Después de sufrir esa tormenta, lo que sigue es que planees una calma organizada: conviértete en tu mejor amigo, discúlpate con tus familiares por mandarlos al diablo cuando quisieron ayudarte y, sobre todo, cierra bien las cosas con tu ex… vuelve a las redes sociales (sin estar publicando cosas relacionadas con tu anterior pareja).

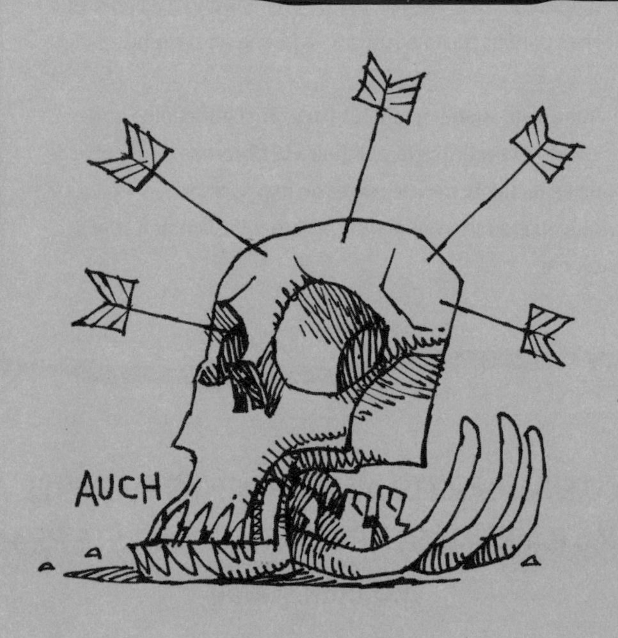

PASO 7:

COMIENZA DE NUEVO

¿Alguna vez leíste en la escuela sobre el mito de Sísifo? Va más o menos así: después de unas chingaderas que Sísifo hizo a alguno de esos dioses paganos de la Grecia antigua, al muchacho lo condenaron a un castigo: empujar una piedrota cuesta arriba por una colina empinada. Justo antes de alcanzar la cima, la piedra rodaba hacia abajo y Sísifo debía volver a subirla desde el principio, una y otra vez.

Te lo digo porque es prácticamente la misma dinámica en esta vida y las relaciones que vienen con ella. Será normal que estés a prueba y error, y que tengas que pasar por muchas parejas hasta encontrar la buena (casi siempre).

Aunque te suene medio tétrico y cruel aquello de que tengas que repetir hasta el infinito tus bromas y tus tácticas de ligue, siento decirte que es un mal necesario, a menos de que quieras ser monja o sacerdote (que también se respeta, eh).

EN EL SIGUIENTE CAPÍTULO AHONDAREMOS MÁS EN EL ASUNTO DE CÓMO HACER MÁS SOPORTABLE TODO ESTE PROCESO. ¡HURRRRAAAAA!

Núm. 16

AÑO NUEVO, MODELO NUEVO

Después del montón de fiestas y rituales decembrinos, es casi inevitable que surja una especie de cruda mixta que combina los remordimientos de la tragazón, la nostalgia del paso de un año más (sobre todo si lo desperdiciaste tirando pelota) y la esperanza de que el venidero sea por fin el bueno.

En Año Nuevo hacemos una autoevaluación de lo que hemos pasado con algunas personas con las que ligamos y es normal que quieras de una vez por todas atascarte con algo más que pavo y romeritos.

Hasta aquí todo bien. Sin embargo, los humanos somos medio tontos. Creemos que andar de comeuvas, cruzadedos y poniéndonos unos calzones rojos es suficiente para hacer posible la chaqueta mental de que el futuro es brillante.

Otra falsedad es cuando creemos que las metas son momentáneas. Decimos que "hacemos dieta" igual que como vamos a la iglesia los domingos: sólo por un ratito... y luego volvemos a lo mismo. ¡Obviamente, así no funciona nada!

Te preguntarás: "¿Por qué este güey me regaña y sermonea en un libro por el que fue suficiente castigo pagar?". Fácil: porque lo mismo aplica para tu vida romántica. "Pero ¿cómo así?", dirán los colombianos. Pues así: babeamos por dentro cuando nos imaginamos en compañía de supermodelos a principio de año, y al cabo de un par de meses es como si abriéramos los ojos y (terrible realidad) estamos ligando en Tinder.

A riesgo de que me consideren ñoño, la explicación científica de este fenómeno es que la parte de nuestro cerebro encargada de realizar tareas inmediatas está más evolucionada que la que planea y actúa a largo plazo. Por eso, aunque lo hayas planeado, se te olvida hacer el trabajo que tenías pendiente y ya llevas tres horas en Facebook viendo memes del Wereverwero. En otras palabras: somos más animales de lo que creemos.

Es decir, somos buenísimos para fantasear sobre futuros amoríos y las formas en que los conquistaremos, pero malísimos al ejecutarlo porque se nos olvida al tercer día y consideramos más fácil hacer lo primero que se nos entrometa (hasta ensayamos en nuestra mente toda la conversación con la persona que nos gusta y cuando nos damos cuenta alguien está viéndonos hablar solos. Súper oso).

Así que el primer paso es levantarse y hacer algo justo antes que otro haya comprado este libro y esté por hacer lo mismo que tú.

LA EFERVESCENCIA DE LA NOVEDAD

¿NECESITAS EXCUSAS PARA ENFOCARTE EN TU DEBER AHORA?

Aguántame tantillo mientras hago otro paréntesis científico y te educo un poco.

En psicología, existe el concepto de "adaptación hedónica" (que no tenía ni puta idea de lo que significaba pero se usa para definir el fenómeno que todos vivimos cotidianamente): algo o alguien nuevo en nuestra vida nos pone muy felices, pero al paso del tiempo ese efecto se va desvaneciendo hasta desaparecer. Eso que parecía permanente se va porque uno se adapta a la situación y la asume después ya como normal. O sea: ya se te hace normal que no te hagan caso.

¿Por qué pasa esto? Básicamente, tu cerebro es un maldito drogadicto al que no le interesa rehabilitarse sino estar en la punta del pedo, buscando nuevas experiencias. Alguna vez habrás escuchado los terminajos "dopamina", "endorfina" y "serotonina". Bueno, pues esas madres tienen su significado y es en la relación química con ellos que el cerebro se alebresta y luego, después del pasón, regresa a la normalidad.

Por esta razón compramos ropa, *gadgets* o chucherías, para echarnos una mano y salir del hoyo de la tristeza, como que nos da cierta alegría pues. Y así también el Año Nuevo tiene un efecto psicológico de euforia que dispara tus nuevas ilusiones y propósitos. Ya sabes, voy a entrar al gym (aunque vayas una semana), voy a ser bien cumplido (aunque a las dos semanas empieces a faltar), voy a vestirme mejor (aunque no tengas ni un peso).

Ese aventón químico atrae otros igualmente poderosos… como un nuevo ligue. Estrenar año y amorío es, entonces, un coctel perfecto para el *junkie* que tienes por cerebro (y como tu cerebro eres tú y tú eres tu cerebro, no te queda más que agradecer a los dioses del amor, ¿no?).

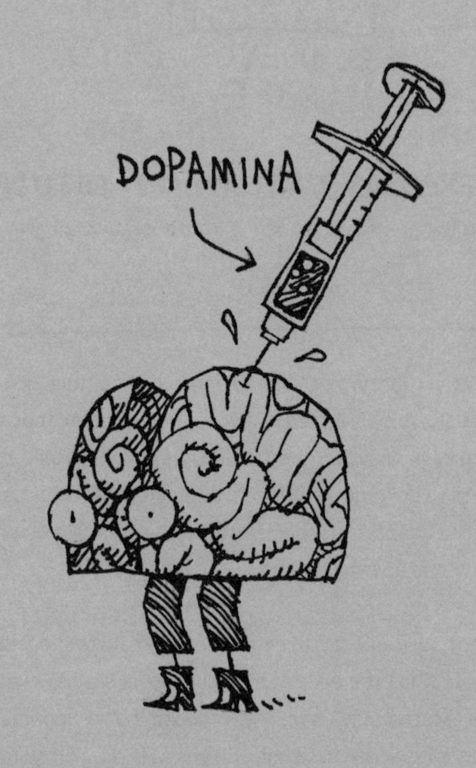

PARA INSPIRARTE AÚN MÁS A HACERLO, TE PRESENTO LAS GRANDES VENTAJAS DE INVERTIR TU TIEMPO CON EL FIN DE ESTRENAR MODELO:

① **Mantenimiento incluido.** No buscarás comer en otro lado cuando tienes comida en tu casa. Así es, estarás bien servido en amor, besos, abrazos y lo que te imagines.

② **Ojos para una persona.** Verás tu nueva adquisición con ojos de amor, tanto que cualquier persona que se te cruce enfrente se te hará poca cosa comparada con la dueña de tus quincenas (o domingos).

③ **Sin defectos.** Te librarás de los regaños, reproches, caprichos, embustes, amenazas y demás juegos mentales de tus parejas de años anteriores. O, bueno, quizá todo esto exista pero al menos serán nuevas versiones.

DE ATRÁS PA' DELANTE

"OK, YA ENTENDÍ, PINCHE WEREVER, ¿AHORA QUÉ?".

Bien, una vez que por fin tengas el compromiso de hacer algo, ahora sí podemos ponernos serios:

Ya conoces lo que dicen del karma: tus acciones del pasado condicionan tu presente y tu futuro. De ahí viene la famosa queja de que el karma es una perra, porque si algo hiciste en tu pasado, podrá repercutir en tu futuro y darte la lección de tu vida.

Si te fue tan mal que ahora odias a la totalidad de la raza humana, lo entiendo, pero por lo menos podrías pescarte a alguien más para odiarla en compañía. Si tu decepción es tal que trasciende lo mundano, deshazte de esta guía y entrégate a Dios y al celibato en el monasterio o en el convento.

En fin, supongamos que no te fue tan mal o que al menos traes sed de reivindicarte y aprender de tus errores y aciertos. Es hora de dejar de hacer estupideces en tus siguientes relaciones porque, como dicen: "Hay que estudiar la historia para no repetir los errores".

Primero que nada, encarguémonos de esos sentimientos que acarreas de relaciones anteriores. La verdad es que son como residuos nucleares que en una de ésas te contaminan para siempre si no haces limpia. En otras palabras, llevas contigo muchos traumas, heridas o dolores que no te dejarán en paz en tus siguientes relaciones hasta que las superes.

Si sientes culpabilidad o remordimiento por lo que pasó con tu ex (o de plano crees que debes rendirle un periodo de luto por haber terminado), considera que todo está en tu mente. En serio. Lo que pasó ya no existe en el mundo real, sólo eres tú torturándote mientras te revuelcas en tu cama sin poder dormir. Ese "deber" es sólo una ilusión que la sociedad te hace creer, y ni vale la pena hacerle caso si para lo único que sirve es para malviajarte. Si la frase aquella de "recordar es vivir" tiene cierto sentido, lo tiene más esta otra: "Vivir es vivir", ¿no?

Despejado ese detalle, ahora sí: ¿qué sacaste de tus amores del pasado? Sinceramente espero que no enfermedades venéreas o criaturas no deseadas. Si ya visitaste un laboratorio y te acabaste las uñas esperando el resultado, hazte un favor y que lo mínimo que aprendas para el futuro sea usar el gorrito, por más que no te guste o te gane la calentura.

Fuera de eso, seguramente aprendiste otras cosas. Por ejemplo, con quién sí y con quién no meterte, porque la neta es que algunos tienen el foco rojo instalado en la cara y hay que huir de ellos como si portaran la peste bubónica: desde el *player* mamado que trata de levantar mujeres con clichés baratos hasta la *bitch que investiga cuánto ganas tú o tu familia*.

Para ir tras los huesitos de alguien, asegúrate de que crujan del mismo lado que los tuyos. Es decir, toma nota de tu personalidad, de los choques y afinidades en tus relaciones pasadas, y distingue con sinceridad lo que embona de lo que no. Si eres introvertido y tu pasatiempo es estar solo viendo hacia la nada como autista, te conviene una pareja tranquila con la cual sentarte en la mecedora a ver pasar el tiempo, como viejitos pensionados sin qué hacer. Lo contrario ocurre si eres un *party animal* que sólo busca estimularse con toda clase de sustancias y alimañas, entonces necesitas una compañía que te haga segunda en tus cacerías de adrenalina.

Otro descubrimiento que pudiste haber tenido es el técnico-táctico: ¿qué sistema te beneficia más en tus nuevas movidas? En términos futbolísticos, analiza si vas a jugar como México (todos defendiendo la portería) o como Alemania (haces 80 toques antes de meter gol).

Una interrogante que depende de qué tan asqueado hayas quedado o qué tanto hayas sanado las huellas de las batallas anteriores es si vas por pura diversión salvaje o por la estabilidad de la vida en pareja. Para la primera alternativa vale alebrestar la hormona yendo al gimnasio, asistiendo religiosamente al antro cada fin y tupiendo de likes el Tinder; para la segunda, conviene más la paciencia y conocer gente en entornos más naturales como reuniones en corto, clases de barro o de yoga, o alguno de esos pretextos para conocer gente de buen ver.

Otra conclusión muy común es querer cambiar de piel como víbora. Seguramente has llegado a pensar que estás hasta el tronco de ser como eres. Ya sabes, el típico impulso de hacer cosas nuevas: alocarse si la llevas tranqui, o calmarse a pensar si eres un sexoso hiperactivo. Si decides darte un respiro de tu "yo" de siempre, sólo recuerda no succionar tanto aire en esa bocanada. Hasta sobreoxigenarse es malo. Vuelve a la identidad que más se te acomoda, porque, si no, sólo serás un *poser* atormentado, de esos que todo mundo quiere evitar. Cuando no eres tú, se nota.

Finalmente, sea o no Año Nuevo cuando pesques esta guía, no importa. El caso es que siempre es un buen día para hacer borrón y cuenta nueva, aunque esté por empezar el año del perro solitario en el calendario chino.

DESPEDIDA

Hey, cachorros, cachorras, sé que ninguno de nosotros quería llegar a esta parte, pero es inevitable, y es que todo se acaba, incluyendo este libro. Pero como dicen por ahí: "Esto no se acaba hasta que se acaba", y todavía hay un poco de espacio para seguir escribiendo (mis editores calcularon mal y les sobró esta hoja).

Todo lo que has leído aquí son sugerencias para que te conviertas en una luminaria en el arte de ligar, pero hay algo que siempre debes tener muy presente (además de recomendar mi libro a tus amigos y decirles que lo compren, nada de fotocopiarlo ni descargarlo en PDF ilegal): la clave del éxito en toda estrategia de ligue radica en la seguridad en ti mismo. De nada servirá que encuentres al amor de tu vida si no te atreves a hablarle (y preguntarle su apellido para ver si combina con el tuyo y así pensar el nombre de tus hijos), ni le pides el teléfono, ni la invitas a salir. No esperes a que esa persona tome la iniciativa, porque a lo mejor también está en el dilema de que no se atreve a hablarte y resulta que derrama miel por ti y nunca de los nuncas te enteras y terminas solito añorando aquellos días en que la(o) veías pasar y nomás suspirabas y te sonrojabas y te quedabas sin habla y te mandaban al hospital porque pensaban que te estabas infartando.

En resumen, atrévete. Dicen que el que no arriesga, no gana. Yo creo que el que no arriesga, no sana. O sea que el guardarte cosas te puede hacer mal, es mejor sacarlas y en una de ésas, quién sabe, tienes éxito con esa persona que pensabas que no.

Ninguna estrategia de ligue, por muy chingona que sea (como las de este libro), funcionará si antes no te convences a ti mismo de que eres alguien valioso, irrepetible y digno de ser feliz y amado. De nada servirá que seas la persona más guapa del planeta (o la segunda más guapa, después de tu servidor) y tengas millones de seguidores en tus redes, si no te valoras a ti mismo, tienes muy en claro lo que quieres y luchas por obtenerlo. No creo que te agrade terminar atado en una relación conflictiva en la que tu pareja esté contigo nada más para humillarte y maltratarte (si lo tuyo es el masoquismo, olvida lo que acabo de decir).

Te deseo la mejor de las suertes y espero de corazón que estos consejos sean efectivos y pronto estés al lado de aquella persona tan especial. No te apures si algo sale mal y la relación no prospera: ¡arriba corazones! Y vuelve a leer el libro, para que afines tus estrategias de ligue. Y si todo sale bien y hasta hay boda (o deciden vivir juntos, pero sin las ataduras de un papelito), pues no sean gachos e inviten a la fiesta y después inviten al divorcio.

Felices conquistas.

Nos vemos en el siguiente libro
(¿a poco pensaron que se librarían de mí tan fácilmente?).

AGRADECIMIENTOS

A la comunidad de INTERNET: Álex Monthy, Luisito Rey, Wereverwero, Cristhian, Félix, Fede, Isra, Julián Serrano, Lucas Castel, SoyTato, Sorlak, Yayo Gutiérrez, Alex Strecci, Ryan, Yoss, Los Polinomios, Quepario, Yuya, Fichiz, Caeli, Rhuall, Kevin, Darkar, Craftingeek, CidVela, PepeProblemas, Miranda, Chumel, KarlaCelis, Jiots, Screamu, HectorLeal, Benshorts, Alfalta, Beaner, Orko, Lecpkim, Alkapone, los morrillos de heyitspriguel, mujer luna bella, Luisito Comunica, Sandy Coben, Marcela, Los Tres Tristes Tigres, Skabeche, Familia del Barrio, Dai Hernández, Julianero, Alejo Igoa, Luisa Cataño, Villalobos, Juanpa Zurita, Juca, Rix, Dra laura, MascaraDeLatex, Kimizhita, Sonia Alicia, Mexivergas, Jacobo Wong, Jux, Veruku, OmarDVD, Chris Is Awesome, Compita Tony, Dani Bos, Santorronpon, Luzdep, Sir Potasio, Bullysteria, Mau Cervantes, Pablo Rosas, BunburyCruzito, ArabianPrincess, Gwabir, Dada pelana tu mama, Lucie Loves You, Gonzok, Los Pavlovich, los cachorros, las cachorras, LaboratorioNetwork, FaOrozco, CessLeon, Ixpanea, FernanFloo, GermanGarmendia, Dross, Luzu, Lana, Rubius, Mangel, Zorman, Vegetta, WillyRex, AuronPlay, ChadMax, EnchufeTv, Vedito, Kion, MrJagger, AnnLook, Loulogio, Torbe, CocoMagio, Banaz, Cellegrini, Alberto Villareal, Wismichu, SamuelCanales, CMN, Town, Hacerias, Villegaz, Tapioca, Mario Bautista, Skyshock, Benny, Harold, Kenny, Quevidamastriste, Magafi, Jigsaw, Oxlack, Vardoc, Publete, Woki Toki, Danygrrr, Nicolás Arrieta, El Bananero, Alfreditoalcda, Lucas Mostaco, Jack, Iamdvd, Jaramillo y JuanaM. Gracias, porque sin ustedes el internet no sería como es hoy, gracias por esforzarse y hacer que esto funcione, porque de alguna manera influyeron en alguna parte de mis videos en un momento, y ese momento es suficiente para agradecerles. (Perdón si faltó alguno.)

A mi familia, que siempre me ha apoyado y en todo momento ha estado ahí, desde que quería jugar futbol hasta cuando quise hacer videos. Mamá, papá, hermano, abuelitos, tíos y primos: LOS AMO.

La guía del ligue de Gabriel Montiel Gutiérrez
se terminó de imprimir en septiembre de 2015
en los talleres de
Litográfica Ingramex, S.A. de C.V.
Centeno 162-1, Col. Granjas Esmeralda, C.P. 09810 México, D.F.